把損失化為獲得

讓自己不再吃虧的18個改變
活出隨心所欲的人生

損か得か いつもうまくいかない
人生を変える18の思考法

三浦將——著　陳筱茜——譯

序
評估損益可以說是改變的開端

你對自己的人生滿意嗎？

當你想到迄今為止的人生、現狀和未來時，有什麼樣的感受？

有些人可能會覺得有點沉重，也有些人或許會覺得「到目前為止還不錯，但對未來充滿了不安」。

又或者有些人，透過回顧自己的一生，可能會重新意識到自己生活方式的各種問題，例如「他們有時會在生活中壓抑並逃避自己的感情」。

如果想要改變令人不安、無法獲得滿足的人生，首先必須改變自己。

澳洲的心理醫生兼心理學家阿爾弗雷德·阿德勒 Alfred Adler 認為，人之所以無法改變，是因為他們「下定決心不要改變」。

改變通常伴隨著風險，而人們厭惡風險，所以即便可以從改變中獲得更多好處，他們對風險的恐懼仍占了上風。因此即使「想要」改變，也很難做到，因為他們在潛意識中已經決定「不要改變」。

本書的目的是「釐清你在生活中正在蒙受什麼樣的『損失』，並教你跨出改變自己的第一步，來避開這些損失」。書中所介紹的並非是一些提高生活效率的小技巧，而是精心挑選出從更根本層面上進行改變所必備的十八種思維。

這十八種思維包含了許多提升自我「人性」的東西。提升「人性」聽起來或許有點誇張。但其實是透過一些小事的積累就能做到的。

有些人可能會覺得：「你怎麼敢用『評估損益』來衡量你的人生！」

但我是這麼想的——「評估損益可說是改變自己的開端」，即便一開始是抱持著為了受到異性歡迎這種不純的動機去做例如：跳舞、彈吉他……等等事情，但在學習的過程中，你會不知不覺中開始認真去對待，不斷地鑽研、進步，最終也可能達到十分打動人心的境界。

所以即便開端是由於「評估損益」才進行，但如果持續下去，它們也會成為提升你「人性」的習慣，而強化後的「人性」最終會成為你這個人的本質。

法。

所以，可以說，以評估損益作為開端，是個不需過度勉強自己、十分合理的方法。

不要害怕改變

恕我冒昧地提出一個問題。

你能無時無刻保持笑容嗎？

- 壓力和一些使人情緒低落的事情，會讓你無法一直保持笑容。
- 你可能會不自覺地在別人面前擺臭臉。

生活並不全是好事，也常有討厭的事發生，因此即便你想一直保持笑容，可能也不是件容易的事。

諸如此類，很多人無意間做過或已經成為習慣的事情，例如「我想做……，但我做不到」「我不想做……，但我停不下來」等等，大多是「讓你吃大虧」的事情。

而且，仔細想想，這些都是對你人生有很大影響的「損失」。因此，首先你要先了解，平時在無意間做了多少「讓自己吃虧」的事情？

本書將各章節中所介紹的損失，分別數值化為0分（從不）到10分（總是）的範圍，請在閱讀的同時挑戰一下。你可以憑感覺選取一個數值，例如：「感覺大概是一半一半吧，就可以選5」。

藉由將不明確的事情數值化，使其「可視化」。透過可視化，你可以客觀地審視自己的生活與思維方式，看看自己是受益還是蒙受虧損。然後決定要繼續做讓自己吃虧的事，還是改做讓自己受益的事。

要選擇哪一個，終究都是取決於你自己。

畢竟，現實就是「堅持下去的人才是贏家」

如果你總覺得「必須改變」，但卻過著「與其要努力，還不如維持現況就好」，這種得過且過的人生，是相當吃虧的，最好能盡快過上受益的生活。

有些人可能會想，「不、不、不，如果那麼容易就能改變，我就不會這麼辛苦了」。

然而，正是不知不覺地深植在你心中的這些框架與成見，創造出了「改變＝困難」的想法。

如果能改變這種成見，就能改變蒙受虧損的生活方式。而能做到這一點的有效方法就是「養成習慣」。

為什麼養成習慣對改變成見有效呢？

線索在於，成見是如何被創造出來的？成見大多是由我們的家庭、學校、公司……等，生活環境的長期影響所造成的。因此，在父母積極的家庭中長大的人，自然會有更多積極的成見，而在消極家庭中長大的人，則會有更多消極的成見。

換句話說，如果你改變每天持續做的事情，也就是改變習慣的話，隨之而來的成見也會自然而然地改變。

我年輕的時候，是一個無法堅持下去的人。

我甚至無法養成行為習慣，比如早起。而且我花了很多錢上函授課程，卻一個也沒有完成（笑）。

但是，某一天，當我在看書的時候，我突然想到了未來，那一刻我強烈地感覺到「再這樣下去，我的人生就永遠這樣了」。我突然變得很焦慮，為了避免蒙受更多損失，我拚命地去思考養成習慣的機制：「要怎樣才能改變，怎樣才能持續去做一件事情？」

最終，我成了一個可以每天早上四點半起床學習或工作，並持續運動和控制飲食習慣的人。我不僅改變了自己的行為，也改變了自己的「思維」和「如何看待事物」的習慣，不再做那些蒙受虧損的事情，也變得越來越有利可圖。

結果，我的生活發生了巨大的變化，以至於我現在正在寫一本關於習慣的書。

要養成習慣，最重要的就是「**設定一個低門檻，並每天持續超越**」。

然而，很多人都把門檻定得太高。無論是減肥還是學習，如果你追求立竿見影的大效果，幾天後就會變得很難跨越那個門檻。結果就會變成典型的三分鐘熱度，無法養成習慣。

設置門檻，從低開始

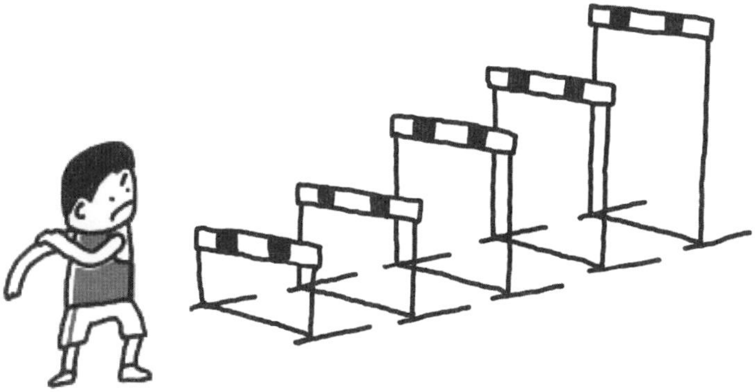

但如果門檻設得很低，就不難跨越，可以很容易地持續前進。如果你一直超越它，你就可以逐漸提高標準。這就是成功養成習慣的關鍵。

換句話說，關鍵就是「不急、不躁、不偷懶」。

如果你覺得自己「必須改變」，那麼請確保你清楚地知道自己正在做哪些「讓自己蒙受虧損的事」，並盡量將它變成讓自己受益的事吧。如此一來，你就能活出隨心所欲的人生。

目錄
contents

目錄
contents

本書的使用方法

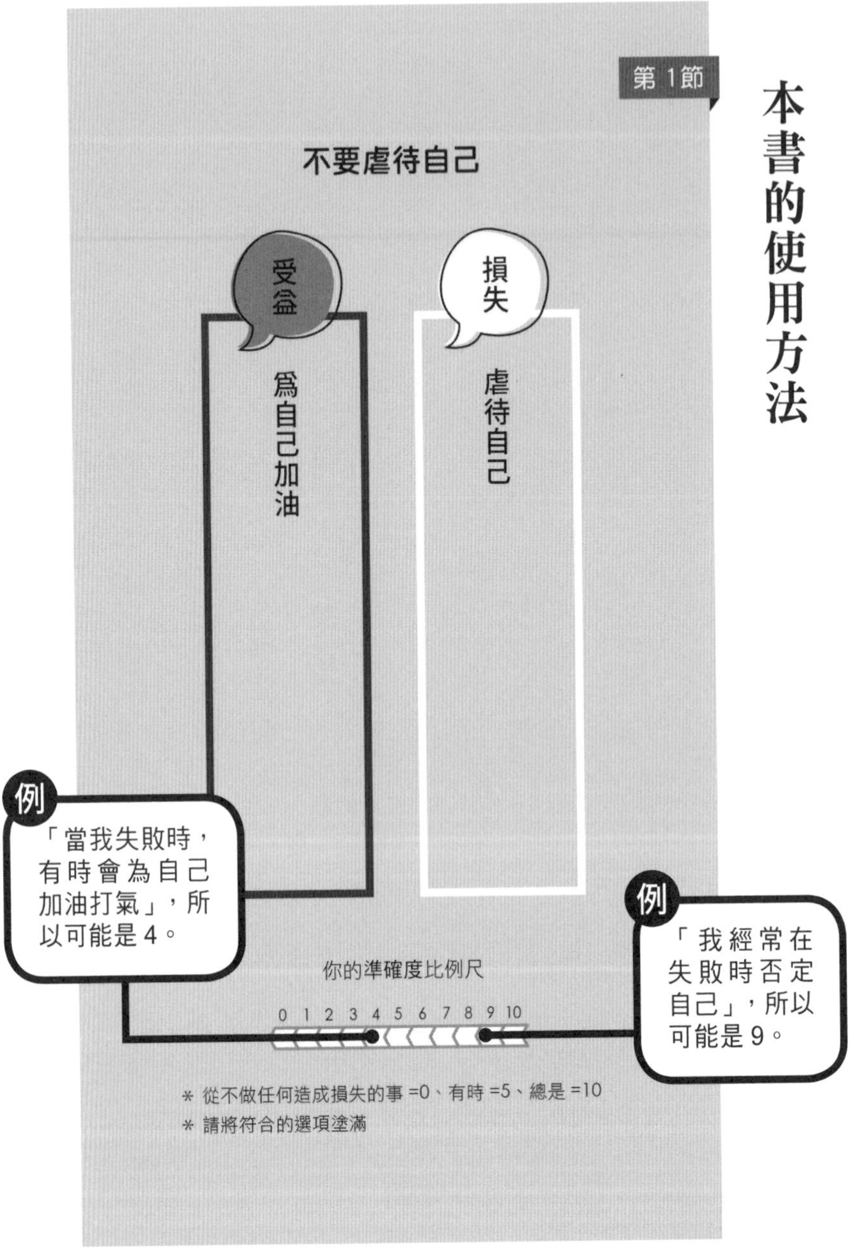
第 1節
不要虐待自己
受益
損失
爲自己加油
虐待自己
例
「當我失敗時，有時會為自己加油打氣」，所以可能是4。
例
「我經常在失敗時否定自己」，所以可能是9。
你的準確度比例尺
0 1 2 3 4 5 6 7 8 9 10
＊ 從不做任何造成損失的事 =0、有時 =5、總是 =10
＊ 請將符合的選項塗滿

透過本書，你可以將自己平時做了多少「蒙受虧損的事情」數值化，來客觀地了解自己。對於每頁介紹的「蒙受虧損的事情」，我們都分別準備了「準確度比例尺」，你可以在0（從不）到10（總是）的範圍內，按照例子中所示，將符合的選項塗滿。

你可以逐漸改變你的思維和行為模式。為了定期地重新審視自己的「損失」和「受益」，請反覆閱讀本書，並在每次閱讀時於「準確度比例尺」上將符合的選項塗滿。

第一章

停止在與自己相處時「吃虧」

不要虐待自己

受益

爲自己加油

損失

虐待自己

你的準確度比例尺

0 1 2 3 4 5 6 7 8 9 10

* 從不做任何造成損失的事 =0、有時 =5、總是 =10
* 請將符合的選項塗滿

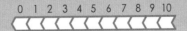

吃虧之王

首先，我們來談談關於你本身的損失。

「自己虐待自己」。

應該有很多人覺得這句話聽起來怪怪的吧。我之所以先提出這一點，正因為它就是所謂的「吃虧之王」。

「自己虐待自己」，是指當事情發展不順利或失敗時，你會用負面的言語或辱罵來攻擊自己，從而喪失自信、失去動力。最終，連你原本可以發揮的實力都無法盡情地發揮。

美國一項心理學研究發現，人類似乎會無意識地和自己對話。據說每天甚至會超過六萬次。

即便是此刻，我也在進行著「我真的是在和自己對話嗎？」「聽你這麼說，我好

「自我 1」和「自我 2」正對等地進行著隨意的對話

要點青菜炒肉套餐呢？
還是鯖魚味噌煮套餐呢？
自我 1
自我 2

像真的是在和自己對話」這樣的對話。

在餐廳要決定餐點時，我會問自己「要點青菜炒肉套餐呢？還是鯖魚味噌煮套餐呢？」早上起床覺得頭痛時，我會問自己：「會不會是因為昨天喝太多了呢？」……等等，當天的第一個對話對象是自己的人也不在少數吧。

與自己對話，意味著你內心存在著一個發話者和一個接收者。

提出「內心比賽」這套心理訓練概念的提摩西・高威 W. Timothy Gallwey，將與自己對話中的發話者稱為「自我

1」（作為命令者的我）、接收者稱為「自我2」（作為執行者的我）。

如果與自己的對話是隨意的，例如「要點青菜炒肉套餐呢？還是鯖魚味噌煮套餐呢？」，就不算是「自己虐待自己」。

但，當你失敗的時候又是如何呢？請試著回想一下。你是不是對自己說了這些話呢？

「為什麼做不到？」

「怎麼這麼糟糕啊？」

「反正也沒什麼才能！」

像這樣責備、否定自己。

或許有人會回想起這樣的經驗：「這麼說來，當時我的『自我1』正毫不留情地對我的『自我2』講一堆負面的話呢。」

如果「自我1」變成居高臨下地否定、譴責「自我2」的「縱向關係」，你就會感到氣餒、受傷、無力。

這就是我說的「自虐」。

自己內心的關係變成了「縱向關係」

爲什麼做不到？
不認同
怎麼這麼糟糕啊？
反正也沒什麼才能！
自我 1
自我 2

一旦開始自虐，內心的痛苦就會變得強烈、你會喪失自信、幹勁和勇氣受挫。然後，連你原本可以發揮的實力都無法盡情地發揮。

自虐正是這種一連串的巨大損失。

這樣的我也曾經很「自虐」。當我失敗的時候，我會否定自己、責怪自己、虐待自己，而且需要很長時間才能恢復。現在想想，真是虧大了。

一旦知道失敗的真面目，就可以停止自虐。

失敗真的那麼糟糕嗎？事實上，這是個陷阱。因為「失敗＝壞事」其實也只是一個成見。

你是否因為自己曾失敗過一次，就出現以下的想法？

- 認為自己做不到
- 認為自己很糟糕
- 認為自己沒有才能

那麼，我問你，真的是這樣嗎？

雖說現在做不到，但誰能斷定你永遠做不到呢？

當你腦中出現「我做不到」「我好糟糕」或「我沒有才能」這樣的想法時，我建議你問問自己「真的是這樣嗎？誰決定的？誰又知道了？」。

捫心自問後，你會意識到真正的自己，擺脫那些造成巨大損害的負面成見。

並對「自我２」說以下的話來鼓勵他（她）。

「我們只是還沒有得到結果。」

「這只是通往成功的一個過程。」

「清楚地瞭解你想做什麼。」

「堅持下去，你可以的。」

如此一來，當「自我1」變成能鼓勵、賦予「自我2」勇氣的「橫向關係」後，就能更快地從失敗中恢復。為自己注入「好吧！我再試一次！」的能量。

這時候，你原本的力量和至今尚未完全發揮的潛在力量，就會大爆發了。

自虐就像是在傷害自己、用自己的腳絆倒自己一樣。如此一來，你將變得無法重新挑戰（無法注入新能量）。

我建議你盡快停止「自虐」這種「吃虧」的行為。而且，當你為自己打氣的機會變多了，你能堅持下去的力量就會更強，同時更能發揮出你的潛力。

自己內心的關係變成了「橫向關係」

好好地反省
但我們只是還
沒有得到結果
堅持下去
你可以的
認可、信賴
這只是
通往成功的
一個過程
清楚地瞭解
你想做什麼
自我 2
自我 1

「雖然拚命地去做，但還是失敗了」給自己的神奇咒語

當你失敗時，難免會被負面情緒影響，這是無可厚非的。但你可以把失敗當作通往成功的墊腳石。

這裡有一些神奇咒語，可以幫助你恢復得更快。

Magic Word

神奇咒語「這樣更好」

我想，你可能會抗拒在失敗後立刻喊出這個神奇咒語。但如果你一直重複這句話，不久之後你將會感受到令人難以置信地安心和平靜。

人們常說，創新來自於失敗。

例如，便利貼是在開發黏著劑的過程中，由於黏性低於預期而誕生的。最初以為失敗了的開發者，應該也是打從心裡覺得「這樣更好」吧。

此外，史蒂夫・賈伯斯 Steve Jobs 曾在三十歲時被自己創立的蘋果公司解雇，他在史丹佛大學的畢業致詞中說道：「如果我沒有被迫離開蘋果公司，可能就不會有今天的我。」這些例子正是「這樣更好」的寫照。

有興趣的人，請在事情發展得不順利或失敗的時候嘗試看看，感受一下實際效果。但這只對努力過後的失敗有效，所以當你只是隨便做做而失敗了，我建議你要坦率地深刻反省。

變得以自我為中心

受益

在生活中專注於你想要實現的目標

損失

活在他人的評價下

你的準確度比例尺

0 1 2 3 4 5 6 7 8 9 10

＊ 從不做任何造成損失的事 =0、有時 =5、總是 =10

＊ 請將符合的選項塗滿

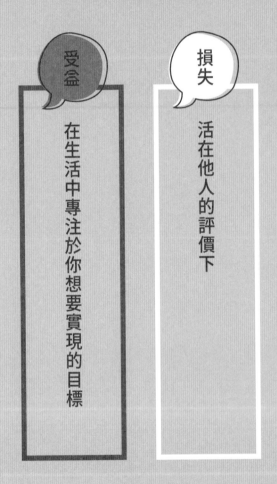

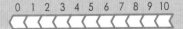

被自我意識困住的人們

你會在意別人的眼光嗎？

多少還是會吧。

「我希望得到人們的認可。我希望能感受到我所做的事情是正確的。」

「我不希望讓別人看到我不好的那一面。」

「我不希望被認為是一個沒有能力的人。」

因此，人們容易被自我意識困住。

但無論做什麼事都太在意別人眼光的話，你會吃很多虧。

一九七四年，哲學家米歇爾・傅柯 Michel Foucault 在他的著作《監視與懲罰：監獄的誕生》 Surveiller et punir: naissance de la prison 中，將那些在生活中過度在意他人眼光，從而限制了自己行動的人們，比喻為「被關進圓形監獄裡的囚犯」。

圓形監獄

圓形監獄，是英國哲學家傑瑞米・邊沁 Jeremy Bentham 所設計的監視系統。它的設計是從瞭望塔上可以看到所有牢房，但從牢房卻看不到瞭望塔。因此，囚犯們不得不時時刻刻活在「自己可能被監視著」的恐懼中。

因此，傅柯將那些被自我意識束縛而限制了行動的人，比喻為圓形監獄中的囚犯。

那麼，問題來了。你認為以下哪些敘述與你的實際情況相符？

- 你總是擔心別人怎麼看你、

怎麼評價你。

- 在社群網站將自己塑造成「生活過得很充實」，非常在意每一則留言。
- 和其他人做比較，情緒容易受到影響。
- 喜歡炫耀與名人或有力人士關係良好。
- 為自己塑造一個比自我認知更好的形象。
- 如果犯了錯就會被看到不好的那一面，所以只做相對安全的事。

如果很多選項都與你相符，那你就是和圓形監獄中的囚犯處於相同狀態了。

即使在社群網站上發佈的貼文獲得了許多「讚」、關注你的人數也增加了，暫時滿足了你被認可的渴望。但人類就是種一直無法得到滿足的動物。

法國精神分析學大師雅克．拉康 Jacques Lacan 提出：「人們永遠不會滿足於被別人認可[1]」。真正的滿足，不是來自於他人的認可或評價，而是來自於「被自己認

1 在拉康的《Écrits》一書中提到「是他人的欲望塑造了人類的欲望」。

過度在意別人眼光的人

可」。

只在乎別人眼光的人，大多沒有明確的人生目標或想要實現的夢想，他們關心的是別人怎麼看自己、自己在群體中處於什麼位置，進而去掩飾自己。但如果你把所有的精力都花在掩飾自己，你就沒有什麼精力花在你的生活目標上，也無法專注於你應該直面的目標或想要實現的夢想。

換句話說，如果你只執著於「別人怎麼看你」「別人對你有什麼感覺」，意味著你並沒有盡最大努力去做任何事情。

在這種狀態下，你既無法展現出自

己真正的實力、也得不到自己的認可。於是你會陷入不斷地尋求他人認可，再耗費精力在掩飾自己的惡性循環中。

想要擺脫這樣的循環，關鍵是要減少自己在意別人眼光的時間，轉而把注意力集中在你的「人生目標」和「想要實現的夢想」上面。

如果你整天都在查看社群網站，請盡量抽出時間關掉你的手機或電腦，以擺脫這種讓你吃虧的循環吧。

專注於目標的好處

當人們專注於人生目標和想要實現的夢想時，他們就會為眼前的事情竭盡全力。同時，也因為不用去在意別人的眼光，就可以減少擔心、焦慮和嫉妒的時間。

而且，如果你努力做好眼前的事情，並讓它們都達到很高的品質，你終將有機會接受更高層次的挑戰。透過重複這些步驟，總有一天你會達到意想不到的地位。

如此一來，當你養成可以採取行動和接受挑戰的體質時，你自己就會認同「正在採取行動的自己」和「即使失敗也會再次面對目標的自己」。就再也不用在意別人的眼光了。

沒有目標或信仰的人，總是在意別人的眼光

大谷翔平是一個以自我為中心的人嗎？

為了專注於眼前的事情，我特意用了這樣的說法：

「請更加以自我為中心吧。」

這裡所說的「以自我為中心」和自私 selfish 是不同的。

這裡是指，「不要活在別人的世界裡」「不要依照別人的價值觀生活」，換句話說，就是「重視自己的本質」。透過重視自己的本質，你可以將自己從圓形監獄的世界中解放出來。

活躍於大聯盟的大谷翔平選手是我認為「重視自身本質」的其中一人。

他在知道自己的合約條款相當不利的情況下，移籍到了大聯盟[2]。對於大谷選手

2 大谷選手去美國的時候，據說「如果再等兩年，簽約金額就會翻好幾倍」。

來說，金錢或許是次要的。他就是如此地專注在「打好自己的棒球」。

大谷選手的一舉一動總會引起騷動，但他給我的感覺是他根本不在乎這些雜音。

可能有人會認為「他能這麼做，是因為他有過人的才能」。但是，我不認為任何擁有過人才能的人都能像大谷選手一樣專注於自己想做的事情。當世界上最有才華的人都如此專注時，應該每個人都會覺得「我比不上他」吧。

「我很擔心別人對我的看法」

即使你知道擔心別人的看法是一種損失，你仍然可能會因為別人的評價而受到打擊。這時候，請試著喊出下面的神奇咒語。

Magic Word

「這個組合不太好呢」

有個東西叫「20-60-20法則」。這意味著，有20％的人，無論如何都會讚賞你；20％的人，不管你做什麼他們都看不慣；而剩下那60％的人，會根據你的言行，改變他們對你的評價。也就是說，要讓所有人都喜歡你是相當困難的，有人不喜歡你也是在所難免。我建議你不妨將這些不喜歡你的人，視為只是碰巧化學反應不佳、時機不佳或是這個組合不好。

20-60-20 法則

20%	60%	20%
無論如何都會讚賞你的人。	根據你的言行，改變對你評價的人。	除非有什麼特別的事，否則不會讚賞你。

過於在意別人看法的人，並沒有向這些人展示真實的自己。

過於在意別人看法的人，只會關注別人的評價和話語。

當一個笨蛋

受益

誠實面對自己的感受

損失

始終把理論或邏輯放在首位

你的準確度比例尺

0 1 2 3 4 5 6 7 8 9 10

* 從不做任何造成損失的事 =0、有時 =5、總是 =10

* 請將符合的選項塗滿

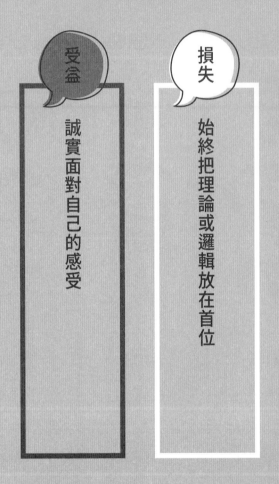

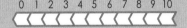

有點小聰明的人總是尋求證據

邏輯性、科學性對於驗證事物的有效性和再現性是非常重要的。然而，如果只拘泥於這些，就會開始偏離重點，變成只會講大道理的老古板。

這是相當大的損失。

世界上到處都是無法預測和意想不到的事情。

但只講大道理的小聰明人總是尋求證據，以至於花費在思考上的精力多於花費在行動上的精力，所以遲遲無法跨出執行的那一步。

這是「我不想受到傷害」「失敗的話很丟臉」「我不想做徒勞無功的事情」等深層心理在作祟（這也純粹是成見）。我完全理解缺乏自信、感到恐懼、不安的人，或是極度想要靠著邏輯「遠離笨蛋」那些人的感受（我曾經就是那樣的人）。

聰明又堅定的人和有點小聰明的人

聰明又堅定的人不會一味地尋求證據。如果有時間想多餘的事情，還不如快點展開行動。因為他們從經驗中得知，那樣做的話，即使會遇到波折，也能提高實現目標的速度和概率。

邊跑邊思考有助於你思考如何應對接踵而來的偶發事件，可以更接近目標、從而更容易取得成果。

也就是說，只要你持續行動，就幾乎已經達到目標了。

被嘲笑的人會變得強大

像有小聰明的人那樣按邏輯思考、批評又不採取行動的人，往往會嘲笑別人的挑戰（或許是嫉妒那些採取行動的人）。而且正因為他們這麼想，所以認為別人也會這樣看他們，於是深陷於自己去挑戰的話就會被看不起的恐懼中。

克服這種恐懼的秘訣就是「要有被嘲笑的勇氣」。

不幸的是，這個世界傾向於看不起那些挑戰自我的人。如果不去思考這樣的傾向是好還是壞，而是將它想成「人類就是一種無可救藥地對別人吹毛求疵的生物」，如此一來，你就可以重新獲得接受挑戰的勇氣。

前職業棒球選手鈴木一朗，曾在日美合計創下四千兩百五十七支安打世界紀錄時的記者會上說，「我有一段經常被人們嘲笑，十分不甘心的過去，我希望今後也能繼續克服它」。

二〇〇四年，當落合博滿首次接任中日龍隊教練時，他承諾「這一年中，我們將凍結增援，提高球員的個人能力水準，以贏取日本第一。」當時，媒體和所有相關人士都對他嗤之以鼻。這是因為，雖然落合先生是一個一流的球員，但作為一個教練，他仍是一個未知數。

然而，那個賽季的結果，雖然沒能達到日本第一，但還是漂亮地取得了聯盟冠軍。

即便是對棒球選手來說如神一般的一朗先生和落合博滿，也有必須克服被人加倍譏諷、嘲笑的經驗。

就如同他們被看不起、被嘲笑一樣，如果你因為今後想做的事或正在做的事被看不起、被嘲笑，那證明你正在接受一個巨大的挑戰。

反而要覺得驕傲。

如果你發現你經常看不起、譏諷那些在工作和生活中積極挑戰的人，那麼你的機會來了。

現在，讓我們把它變成這樣吧。

> 有被看不起的經驗＜有看不起別人的經驗
>
> ↓
>
> 有被看不起的經驗＞有看不起別人的經驗

這意味著，面對人生挑戰，你有更多機會從場外的旁觀者轉變為參賽者。

如果你參加比賽，你可能會失敗、會丟臉、會被人嘲笑。但是，你可以體驗到在場外永遠無法理解的世界，也能體驗到最棒的瞬間。

「DON'T THINK, FEEL（不要去思考，要去感受）」

一旦你參與比賽的機會變多了，接著就試著停止先說服自己的腦袋後再採取行動的思維模式。

說服自己的腦袋後再採取行動，無異是「邊敲打石橋邊過橋」。但是，如果過於謹慎、過度敲打石橋，反而會動彈不得，甚至可能把石橋敲壞，導致無法過橋。如此一來，無論你準備得多麼充分，都無法跨出接受挑戰那一步。

理科大學畢業後，我經歷過許多挑戰，文職工作、出國留學、換了五次工作、離職、創業，如果我都是先說服了自己的腦袋後再採取行動，那麼現在應該還在裹足不前吧。我能夠採取行動，不是因為「我可以」，而是因為「我想這樣做」。

為了逐漸減少說服自己的腦袋後再採取行動的次數，「誠實面對自己的感受」很重要。

用李小龍的話來說，就是「DON'T THINK, FEEL（不要去思考，要去感受）」。

當我提到這件事的時候，有些人會說「我不擅長去感受……」，但其實人類天生就具有豐富的感官和感受力。

我再說一遍。你內心確實存在著感官和感受力。

那些不擅長的人只是疏遠了他們的感官和感受力。請放心，只要能夠意識到感官方面的問題，它一定會再次出現。

我正在指導的一名男性，起初說「我不擅長去感受」，但大約在第三次課程中，令人感到震驚的是，他開始以感性且想像力豐富地去思考事物。這不僅限於他，其他人也是如此。

這其實只是他原本就有的感官和感受力（之前他認為自己「沒有」的東西）開始浮現出來罷了。

那麼，為了能像他們一樣誠實地面對自己的感官和感受力，「增加接觸感受性事物的機會」是有效的。

我建議你盡可能地減少看手機或電腦螢幕的時間，將重要的時間分配來深化音樂和藝術等感受性的愛好，並創造接觸美景和大自然的機會。

當你養成接觸感受性事物的習慣，你與生俱來的感官和感受力就會在復甦的同時，不斷地提升。你會感受到興奮，對自己會喜歡的事物或想要實現目標的想像力自然會增強。

不要再繼續做強詞奪理、從場外對人說三道四，這些吃虧的事。雖然有時會被嘲笑，但何不試着做自己人生的主人，堅強地活下去呢？

「一不小心就變成了評論家」給自己的神奇咒語

如果你過於重視理論和思維，而傾向於輕忽感官，你就會成為評論家。當我覺得自己正在成為一名評論家時，我想對自己說這些神奇咒語。

Magic Word

「讓我們從夢想家的房間開始吧」

據說創造米老鼠的華特．迪士尼 Walt Disney 在創業時，曾在以下三者之間來回遊走：

- 夢想家的房間
- 現實主義者的房間

• 評論家的房間

在夢想家的房間裡，你可以自由地思考一些平常會被嘲笑或譏諷的事情，並想像「真正想要達成的目標」和「真正想要實現的夢想」。在這個房間裡，你可以暫時拋開理論和限制，以「如果什麼都能做的話」為前提來思考。越是能讓世人驚嘆的人，越是能在這個房間裡像孩子一樣描繪夢想。

因此，你可以勾勒出天馬行空的想法。

如果華特．迪士尼沒有走進這個房間，就不會有充滿奇幻色彩的迪士尼電影，也不會有引導世界各地的人們進入「夢想國度」的迪士尼樂園了。

如果你在夢想家的房間裡勾勒出了一個天馬行空的想法，那麼，是時候進入「現實主義者的房間」了。這是一個你可以從實踐者的角度，針對「要怎麼做才能實現這個夢想」去思考具體策略和行動的房間。

制定策略和行動計劃後，就可以進入「評論家的房間」，從建設性的角度對夢想進行批判，檢查實現的可行性和風險等，去發現為了實現夢想是否有任何遺漏或重疊的地方。

3 個房間

這裡的關鍵之處在於，首先要「從夢想家的房間開始」。

如果你從現實主義者的房間或評論家的房間開始，你的夢想就會漸漸地消失、你的計劃將變得平淡乏味。在某些情況下，你將會時間浪費在為「不去做的事情」編造理由這種無趣的工作上。

如果你從夢想家的房間開始，現實主義者的房間和評論家的房間都將成為「實現夢想的積極和建設性的強力夥伴」。

透過這三者組成的最強組合，可以以令人興奮和驚喜的方式，提供對人們有用的服務和產品。

如果你發現自己傾向於成為批評家，請告訴自己：「讓我們先從夢想家的房間開始吧」。

或許你內心的夢想家會將事情引向意想不到的方向呢。

解除限制

受益

認為「或許我做得到」

損失

馬上覺得「做不到」

你的準確度比例尺

0 1 2 3 4 5 6 7 8 9 10

＊ 從不做任何造成損失的事 =0、有時 =5、總是 =10

＊ 請將符合的選項塗滿

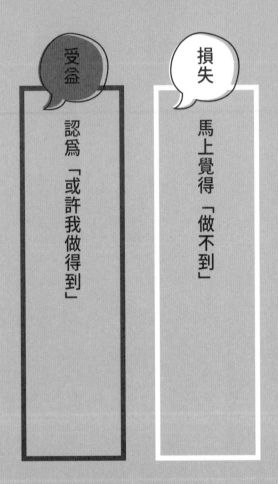

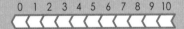

克服思維障礙

作為一名心理教練，我經常接觸到一些公司的執行長和入選奧運隊的頂級運動員，但即便是他們，也無法百分之百發揮自己的潛力。儘管他們有相對較高的可能性，可以去發揮自己的潛力，但我仍看過無數次，他們透過訓練更提升了自己的表現，這讓我感受到了人類的潛力無窮。

具體表現÷具備的潛力＝潛力的發揮率。

阻礙這種潛力發揮的首要因素就是「成見」。

成見有兩種：一種是成為限制（制約）潛能發揮的成見，另一種是加速發揮的成見。限制潛能發揮的成見，最具代表性的就是認為這是「做不到」或「很困難」的。尤其，最強大的限制因素是覺得「很難所以做不到」。

大腦一旦認定這是做不到的事，就會停止工作。我們之所以會對看起來有點困難的事情立刻反應說「做不到」，是因為只要把它歸類到做不到的事，就不用反覆去試錯和努力，這樣要來得輕鬆得多了。

「做不到」的種類及應對方法

做不到有兩種，一種是「沒有人能做到」，另一種是「我做不到」（圖1）。

此外，「我做不到」包括了「我不適合」「我沒興趣」和「我不可能做得到」。其中，「我不可能做得到」包含了自我否定和貶低的情緒，會使人感到無力。

「沒有人能做到」是逃避努力最好的藉口。「誰都做不到，想做的都是傻子，所以我也不做。」

僅在一百二十年前，人們還認為作為金屬塊的飛機在空中飛行是「不可能的」。換句話說，「沒有人能做到」只是一個藉口。

其次，越是不想嘗試和挑戰的人，越有可能說出「我做不到」。

即使是一件小事，如果沒有親身體驗，也無法憑感覺去抓住成就事物的「時機」。去嘗試各種事情，累積小的失敗和成功，透過實際經驗，你將可以區分「這

圖1　「做不到」的分類

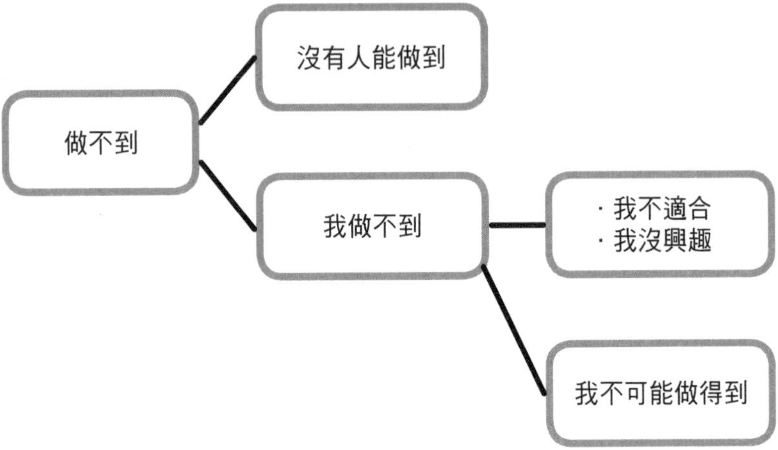

很難」和「這可以做」。

因此，取得成就的人，會以「這可以做」來做為突破口，不斷地去拓展他的可能性。

那些馬上說「做不到」的人，甚至連嘗試都不肯去嘗試，只是一味地用藉口製造一堵高牆來證明這有多難、成功的概率有多低。

最後，終其一生都只能選擇任何人都能做的事情，並且持續地對自己感到不滿。

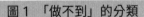

了解自己的潛能後，就再也不會「做不到」了

有一種理論叫做「10％能力理論」，它指出「大多數人最多都只發揮了10％的潛能」。

據說，這個理論是根據哈佛大學教授、「心理學之父」威廉·詹姆斯 William James 所提出的「人們其實只體驗到自己智力潛能中的一小部分」，才開始進行的研究[3]。

你對這10％的潛能有何看法？

「我沒有什麼潛能」，還是「我有很多潛能，只是還沒有釋放出來」？

這裡的損失是，認為「自己沒有什麼潛能」。有了這樣的成見，容易讓人們聯想「我沒有什麼潛能↓所以已經到極限了↓我做不到」。

3 關於這一點眾說紛紜，即使現在也仍有各種研究結果被發表，但似乎還沒有得到任何決定性的證據。

因此，你的心會受到限制。

另一方面，如果有「我還有很多還沒使用的潛能」的想法，就會變成「我的能力還沒有完全發揮↓我還有可能性（潛能）↓我也許做得到」。

然後，你將可以擺脫限制，開始發揮潛能。

創造成見的人是自己。既然如此，不如抱着自己是可以發揮能力的想法，不是更好嗎？

圖2 認識「潛能」

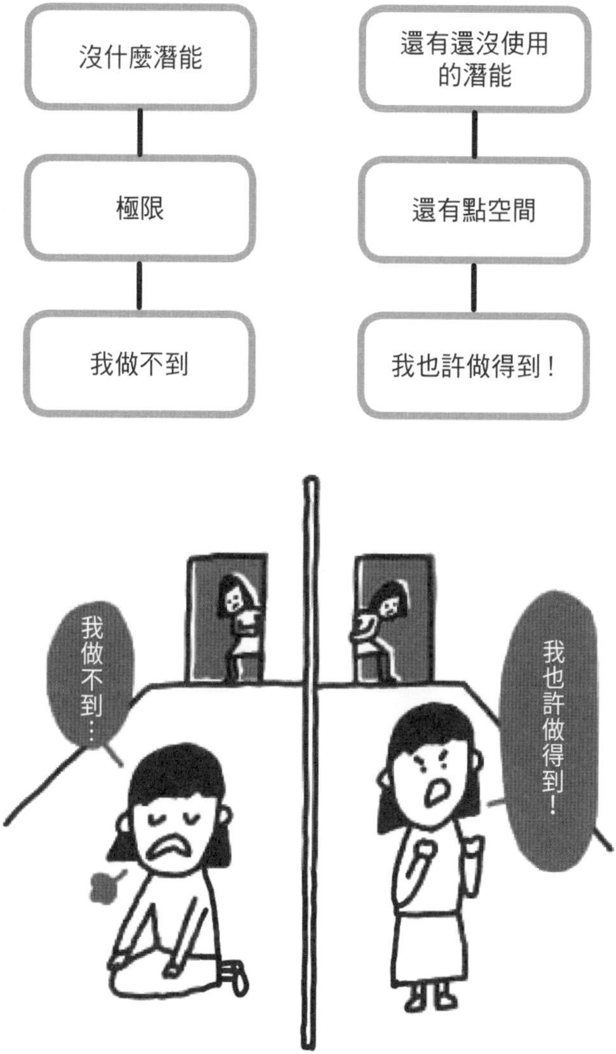

一不小心就脫口而出「好難喔」
給自己的神奇咒語

如果你養成在日常對話或會議中把「好難」、「不可能」掛在嘴邊的習慣，這不僅會對你自己、也會對你周圍的人產生負面影響。如果你是主管，這個習慣會傳染給你的下屬和整個團隊，如果你是家長，則會傳染給你的孩子。

當你無法停止講「好難」「不可能」這些令人吃虧的口頭禪時，請大聲地說出這個神奇咒語。

Magic Word

「這很難，但總會變好的！」

這個神奇咒語可以幫助你從消極的感覺中釋放出來，把它變成積極的詞。

所以即使你不小心說出了「好難」「不可能」之類限制自己的話，也救得回來。

首先，讓「消極＋積極」這個詞成為一種習慣，然後慢慢地改變成下面的詞。

「如果可以的話就太棒了！」

「真讓人印象深刻呢。」

「這有挑戰的價值呢。」

「真是令人興奮啊！」

如果一一去做改變的話，「總會變好的」。

專欄一

選擇艱難的那條路

「與其做一個滿足的傻瓜，不如做一個不滿足的蘇格拉底」

這是英國哲學家約翰．史都華．彌爾 John Stuart Mill 所留下的一句話。

針對這句話有很多的解釋，但我認為它的意思是「永遠不要滿足於低水準，即使你能預料到會遇到很多困難，也要珍惜追求更高目標的意願」。

然而，這需要不懈的學習和反覆接受新挑戰的決心。對此，你有何感想？

宮台康平選手[4]，畢業於東京大學法學部，在選秀會上以最後（第七）指名的身分，加入職棒北海道日本火腿鬥士隊（日本火腿），是個文武兩道精通的勤奮者，據說他被選為日美大學棒球錦標賽的日本代表時，也帶著小六法到宿舍研讀。

4 二〇一七年，日本火腿隊的第一指名新秀是高中生涯通算一百一十一支全壘打的歷史記錄保持者，清宮幸太郎。

Column 01

在學業上，無庸置疑地，他是個超級精英。但作為職棒選手，他是日本火腿選秀中的最後指名，所以大家認為他將來在球場上活躍的可能性並不算高。

那麼為什麼宮台選手會選擇這一條路呢？這是因為，他是「選擇最艱難那條路的人」。

為此，他勇於選擇職棒選手，這條對他來說最為艱難的道路。有些人可能會認為「東京大學畢業來當職棒選手，實在是太輕率了」或是覺得「很浪費」。

但他選擇的永遠是「最艱難的那條路」。

東京大學法學院在文科中是最難考的，對於總是選擇「最艱難那條路」的他，我認為這對他來說是正確的選擇。

這就是為什麼他能夠兩者兼得。

我們無法像宮台選手那樣，總是選擇艱難的那條路。然而，對於我們這些傾向於選擇安逸的道路、容易妥協的人來說，這無異是一種非常刺激的生活方式。

第二章

停止在與人交往時「吃虧」

不要成為情緒的奴隸

受益	損失
將情緒轉化爲力量，用來創造	成爲情緒的奴隸，用來破壞

你的準確度比例尺

0 1 2 3 4 5 6 7 8 9 10

* 從不做任何造成損失的事 =0、有時 =5、總是 =10
* 請將符合的選項塗滿

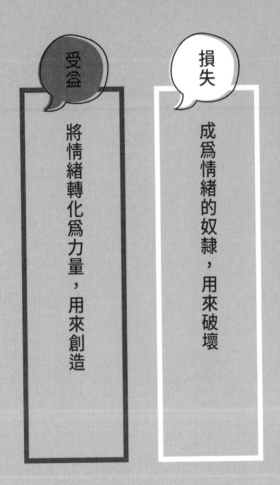

憤怒的情緒會帶來破壞

情緒具有強大的能量。

尤其是憤怒的情緒，如果不加以控制，可能會導致破壞性行為。破壞的不僅僅是物品，也包括了你累積至今的一切與人際關係。

猖獗的憤怒就像一頭狂暴的野獸。一旦它們被從籠子裡放出來，就無力回天了。它們會瘋狂地破壞周遭的一切。在某些情況下，一時的憤怒情緒甚至會使重要的人際關係變得無法修復。

心理學家丹尼爾·高爾曼 Daniel Goleman 指出，「傑出的領導者和普通的領導者之間90%的差異，不是理性的觀察力，而是情緒」。

抑制和活用自己情緒的能力，在商業和領導力方面也很重要。

當情緒被拿來破壞時，會發生什麼事？

另一方面，阿爾弗雷德．阿德勒說「情緒是有目的的」。這個想法是指，人類為了某種目的而使用和啟動情緒。

例如，有一位主管因為下屬的錯誤而當眾暴跳如雷。乍看，他是因為下屬的錯誤而感到憤怒。然而，事實上，他真正的目的有時是要利用這個機會，來確立自己和下屬之間的上下關係。

問題在於，這個人可能沒有清楚地意識到自己真正的目的。或許是被潛在的欲望驅使，在不知不覺中提高了自己的聲音。

「生氣的時候好好生氣，是在為對方著想。」

諸如此類，無論你如何為自己的行為辯解，生氣的目的其實就是為了要占上風。這個人可能沒有意識到，這種情緒化的行為，對自己和其他人的破壞力有多大。

此外，即使主管覺得自己大發雷霆，是顯示了自己的威嚴，但在眾人面前被辱的下屬可能會因害怕而退縮，失去原有的力量，某些情況也可能會導致抑鬱。

有些人可能會產生強烈的怨恨情緒，並尋找機會在其他地方進行報復。

在現今社會，他可以在社群網站上發文或向人力資源部門通報職權騷擾。在公司或組織中，上下級關係將來可能會顛倒過來。

因此，當憤怒的能量被用來滿足自我時，是具有破壞性的。

為了顯示你作為主管的威嚴，觸發了憤怒的情緒去進行破壞，最終，你的下屬將無法充分發揮他們的潛力，團隊的士氣和業績也會受到影響，你作為主管的聲譽也會一落千丈。

不幸的是，沒有人從中受益。

當你感到怒火上升時，最有效的方法是先離開現場。然後，深呼吸、讓自己冷靜下來。

為何我們對親近的人比對其他人更嚴格？

有些人容易對妻子、丈夫、伴侶等生氣。

這是因為，我們對對方有很高的期望。總想著「即使我不說，也希望你能按照我期望的去做」，換句話說，是在「撒嬌」。

當孩子想要某樣東西時，他們會透過無理取鬧和惹惱他們的父母來達到目的。同樣地，當成年人表達憤怒時，他們會希望透過發火來迅速達到目的。

這是一種非常傲慢、幼稚和丟臉的行為。

情緒導致破壞性行為，通常是因為自己那些微不足道的目的，例如：維護自己的面子，或是我們對事物傲慢的執著。

這就是被情緒所操縱，也就是「情緒的奴隸」。你想繼續做情感的奴隸嗎？

憤怒也可能是創造的開端

憤怒，不論好壞，都有很大的能量。

有效利用這種能量的是那些被稱為偉人的人們。

小馬丁．路德．金恩 Martin Luther King, Jr. 牧師（金恩牧師），作為非裔美國人民權運動領袖，他的活躍是源自於對種族主義的憤慨。金恩牧師積極地將他的憤怒轉化為能量，以實現跨種族的融合。

京瓷的創始人稻盛和夫，也是因為相同的動機創立了第二電電（現為KDDI）。當時，日本的電信業務被一家公司壟斷，所以必須繳交高額的電信費用。他對此感到十分憤怒，並以此為力量成立了第二電電，成功地降低了日本的電信資費。

這種憤怒被稱為「社會憤慨」。

當憤怒被用作社會憤慨時，將它活用為使人快樂的能量，就可以實現偉大的事情。

憤怒的能量可以是破壞性的，也可以是建設性的，這取決於你如何使用它。

當你感到憤怒時，先集中精神讓自己平靜下來。然後問問自己「我為什麼生氣？」

如此一來，你將可以決定你的憤怒能量要用來受益還是虧損。

試著成為一個麻煩製造者

受益

展現眞實的自己

損失

生活中盡量避免引起人際關係的摩擦

你的準確度比例尺

0 1 2 3 4 5 6 7 8 9 10

* 從不做任何造成損失的事 =0、有時 =5、總是 =10
* 請將符合的選項塗滿

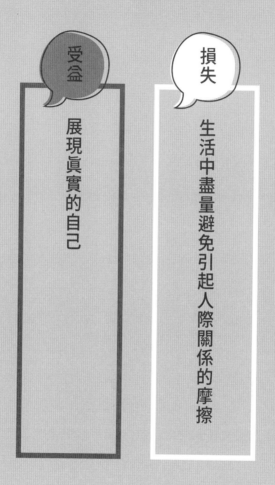

你是否陷入了虛浮的溝通陷阱？

人際關係對生活有很大的影響。當你為人際關係煩惱時，容易變得天天都心情沉重。尤其是和家人、職場等親近的人的關係，有時會成為最令人煩惱的根源。

無論是在現實生活中的交流，還是社群網站等網路上的交流，大多數現代人傾向於把「不被討厭」放在第一位。相反地，這就是為什麼，人們潛意識裡渴望的《被討厭的勇氣》會大賣吧。

你在尋求什麼樣的人際關係呢？

- 總是群體行動，但又拚命地希望不被人討厭。
- 社群網站上被按「讚」的數量越多越安心。
- 很快就屈服於別人尋求認同的壓力。

如果你只在意這些事情，你就吃了很大的「虧」。

這是因為，你透過創造一個與真正的自己不同的自己，小心翼翼地避免被對方討厭，把真心話和場面話分開使用，排除萬難想把它做好。但這件事為你帶來莫大的壓力。

人們總是希望「以真實的自我生活」，卻又害怕「一旦暴露了真實的自我，就會被對方討厭」。所以試圖將自己修飾地很體面，最終，壓抑自己的真實感受，以一種虛浮的方式來進行溝通。而當你戴著與真實自我不同的面具生活時，你將意識到自己不再知道真實的自我是什麼，而且再也無法摘掉你的面具。

然而，事到如今也沒有勇氣去改變自己，所以這種情況就會不知不覺地持續下去。

因為「你所想的」「你所說的」和「你所做的」都不一致，所以累積了許多壓力。當你冷靜下來時，或許會想「我到底是為了什麼而活？」

你不覺得，如果你繼續在一個「連自己的存在意義都不知道的狀態」下生活，是很「吃虧」的事嗎？

這是因為，你「害怕被傷害」。

首先，既然是不同的存在，那麼人與人之間不傷害對方的概率是極低的，但人們卻又過度地害怕被傷害。

有些人可能會認為「如果不能被所有人接受，自己就是不夠好」。但真的是這樣嗎？

這是因為，你也受到了將自己的表現與他人進行比較的扣分主義的價值觀毒害。當你中了毒，你就會認為自己要完美無缺，無法接受自己被扣分，或受到任何批評。

我想告訴大家的是，掩飾自己是一件很「吃虧」的事。即使你掩飾自己，被對方喜歡，你也無法真正地肯定自己。因為你總在自欺欺人，這也會導致你潛在地厭惡自己。尋求別人虛浮的喜歡，只會降低你的自我肯定感。

自我肯定對幸福感有很大的影響。如果你的自我肯定感很低，你就很難相信自己是幸福的。另外，掩飾自己去和對方打交道，也是缺乏對對方的尊重。如果你對對方有應有的尊重，你就應該試著用真實的自己去面對對方。

自我肯定感低和自我肯定感高的人

掩飾自己並試圖讓對方看到好的一面，這本身就表示你不尊重對方，按照阿德勒的方式說起來，你只是把對方看成是獲得你自己欲望的工具。

不幸的是，這也斷絕了獲得對方真正尊重的可能性。

暢所欲言的人生

關於如何在不引起人際關係摩擦的情況下生活，到目前為止，我都寫得很消極，但其實我並沒有那麼嚴肅地看待它。

因為它是「可能發生在任何人身上的事情」。以我作為心理教練的經驗來看，它也可以是「可以用任何方式完成的事情」。

首先，請試著加深這個認知：沒有人際關係摩擦的生活方式，是非常「吃虧」的。

其次，你要知道，會有一定比例的人，不會因為你把真正的自己表露出來而討厭你。倒不如說還有個好處，就是「想支持你的人，都能支持你」。

如果你展現出真實的自己和真正想做的事，而不是試圖掩飾或欺騙自己，那麼你就可以吸引你想支持的人的注意。

好好地表現自己，也是辨別誰會做出回應的一種方式。

當你把真實的自我展示出來時，就可以明確地分辨出：

- 積極回應的人
- 沒有回應的人
- 消極回應的人

「20－60－20法則」（請參照第38頁）也適用於此。

沒有人際關係摩擦的生活，意味著那些積極回應你的人，也就是那些應該會支持你的人，自始自終不知道真正的你是誰，也不知道你到底在想什麼。

無論你表現出真實的自我、還是虛偽的自我，做出消極反應的人都會做出消極反應。這就是前面提到的「組合」問題。所以，讓那些人遠離你的視線，不去在意他們就好了。這是最好的策略。

光是在意就已經是一種「損失」了。當你開始展現出真實的自己，或者開始說出自己的真實感受時，你自然會與他人產生摩擦。這裡重要的是摩擦的定義。

很多人有一種「成見」，認為人際關係間的摩擦是一件壞事。當我在訓練工作中，聆聽客戶在人際關係上的煩惱時，發現他們幾乎所有人都是這麼認為的。摩擦，既可以是一個磨損的過程，也同時可以是一個「磨練」的過程。如果人與人之間產生良好的摩擦時，各種事情和想法就能得到磨練。

我以前在一家外資企業工作時，我們經常會在美國總部的會議上，互相碰撞與摩擦。在會議中，我們互相爭論對方的觀點，激烈地交流。但會議結束後，就像剛進行完一場體育比賽一樣，我們感到神清氣爽。當我們一起吃午飯時，氣氛非常地融洽。這可能是因為在會議中，我們不做奇怪的揣測，彼此用真心在碰撞吧。

真心實意的碰撞，也是雙方對彼此都很認真的證據。沒有摩擦，意味著無論好壞，你沒有給別人任何刺激。而且，彼此也不想深入地去瞭解對方。

即使我們有不同的意見，但也正因為我們是真心誠意的去碰撞，才能互相理解。即便如此，如果你被討厭或被排擠了，那也不是你的錯，就當作是「組合不好」，淡然地接受就好了。

在一個人與人之間沒有坦誠相對、互相猜忌的環境中，如果真心實意的去彼此碰撞，可能會當場發生嚴重的衝突。遇到這種情況，就要抱著一種「試著成為一個麻煩製造者」的想法來面對。正如同我到目前為止所提到的，實際上這樣正好，所以我建議你可以稍微鼓起勇氣嘗試一下。

展現真實的自我，說出自己想說的話

如果養成這種習慣，還有能和親近的人關係變好的好處。

很多人過著避免與他人產生摩擦的生活，但你在別人那裡容忍的部分，卻會在不知不覺中將它們發洩在妻子、丈夫、父母、兄弟姐妹等，親近的人身上，從而造成了不太理想的關係。

即使你本人沒有意識到，也會發生這種情況：對其他人壓抑著的東西，會不自覺地發洩在不需要跟對方客氣、親近的人身上。

當你學會「展現真實的自己，說出自己想說的話」時，壓抑的情況就會變少，對親近的人的嚴厲抨擊也會隨之變少。關係也就自然而然地變好了。

如果你仔細想想，請意識到，你身邊的人每天都在不知不覺中因為你而遭受「池魚之殃」。如此一來，也能提升你對改變的動力吧。

感謝負面意見

受益

將負面意見理解爲「賺到了」

損失

將負面意見理解爲「負面」

你的準確度比例尺

0 1 2 3 4 5 6 7 8 9 10

＊ 從不做任何造成損失的事 =0、有時 =5、總是 =10
＊ 請將符合的選項塗滿

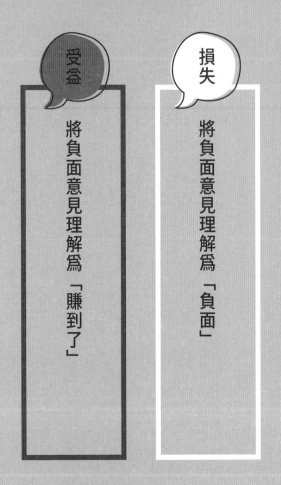

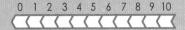

接收負面意見的方式

人際關係中最困難的事情之一，就是有時會收到負面意見吧。

父母、兄弟姊妹、摯友，和你越親近的人，就越有可能給你負面意見。這是因為關係越近，他們對你的保留就越少，也越能坦誠地告訴你他們的想法。

不僅是親近的人，公司的主管、同事、客戶，甚至是社群網站上的陌生人，你都可能從他們那裡收到負面意見。

當你收到負面意見時，難免會感到失落、沮喪，甚至還可能導致人際關係惡化。

那麼，當你收到負面意見時，你有什麼樣的反應呢？

如果你對負面意見照單全收，你將會受到很大的打擊和憤怒，也會有很大的能量損失。

這裡的重點是，「不管任何意見，提出意見者的意圖和接受意見者的解釋往往是不同的」。即使我為了你坦率地表達了負面意見，但你作為接受者卻將其理解為完全的否定，明明沒有好好確認事實卻下了判斷，這可能會導致我們的關係惡化。

當我收到可能被認為是負面的話語時，我會盡量不被自己的情緒左右，好好地和他們交談，並且我可以透過說「什麼嘛！原來你是這樣想的啊！」來輕鬆地消除我的敵意。

有時候也可能對方的意圖確實是負面的。即使在這種情況下，你接受資訊的方式也會對結果產生很大的影響。因此，我建議你要養成一個習慣，要用對自己有利的方式去接收所有話語。

接收它的最好方式，是以一種不會擾亂你的精神狀態，並且不會讓你失去內在力量的方式去接受它。不僅如此，這種接收方式還能讓我們因負面意見受益。

黃金回饋

當我開始做教練時，我曾有一個指導一百人的實踐培訓任務。課程結束後，我請學員在回饋表上寫下他們對課程的感想，但大約最開始的二十名學員，都提出了許多負面和嚴厲的回饋。說實話，看了之後，我感到很鬱悶。

因此，在看完回饋表後，我決定這樣想。

「我還是個初學者，這也是沒辦法的事。不是我不好，而是我的技術和經驗還不夠，會這樣也是理所當然的。謝謝你接受指導。**也謝謝你的意見**」。

我並沒有強迫自己去說「謝謝你的意見」。因為從對方的角度來看，他被要求提供回饋，所以他只是針對他的體驗給出了真實的感想。只是這碰巧對我來說是一件負面的事情。這就是為什麼我說「謝謝你的意見」。

而且我看得出來，如果我改進我所發現的負面因素，我的評價和對方的滿意度就會提高，所以我不會過度地消極。

例如，如果他說「我覺得我好不容易好像快要想到什麼了，但此刻的這個問題打斷了這種感覺」。

「問了那樣的問題，我果然還是太嫩了啊！」

「我是不是沒有提問的品味呢？」

等等，與其消極地看待它而受到打擊，不如馬上詢問他。

「謝謝。那打個比方，你覺得我應該問哪些問題呢？」

當我這樣做的時候，我得到的回答是「嗯，現在，比起問問題，如果你稍微等我一下，或許我就可以發現一些事情」。於是接下來，我們都用這種模式來應對。

在重複這個過程，並根據我們收到的負面回饋去進行徹底改善後，接下來就一直很順利了。現在回想起來，我從最開始那二十個人那裡收到的負面回饋，幫助我在早期成長了很多。我將這些稱為「黃金回饋」。

在超過三十個人之後，我們幾乎從未收到過負面回饋，所以在那之後，我鼓起勇氣，反覆提出這個能引出負面回饋的問題。

「感謝您的積極回饋。很高興能夠為您提供幫助。為了進一步提高訓練品質，如果硬要提出一點，您認為本次訓練還有哪些地方可以改進呢？」

正面的回饋能讓人開心、提昇心情和動力。另一方面，負面回饋雖然具有傷害性，但根據你如何看待和使用它，也可以成為幫助成長的秘訣。這是正面回饋所沒有的、非常有價值的東西。

當別人對你提出負面言詞時，讓我們這麼想吧：如果能增加用以下心情去看待事物的次數，也是一種收穫。

「這句話裡面也許潛藏了什麼可以改善或成長的機會。」

「我應該針對這點去做些什麼呢？」

如果你能逐漸增加積極看待事物的次數，你的人際關係自然會變得更順暢。比起在表面上說正面意見的人，用真心說負面意見的人才更難能可貴。反覆透過有意識積極地去看待所有話語，你終將成為可以把負面轉換為正面，並將其轉換為成長動力的專家。

從卑鄙小人的身分中畢業

受益	損失
賦予他人勇氣	挫傷他人的勇氣

你的準確度比例尺

0 1 2 3 4 5 6 7 8 9 10

＊ 從不做任何造成損失的事 =0、有時 =5、總是 =10
＊ 請將符合的選項塗滿

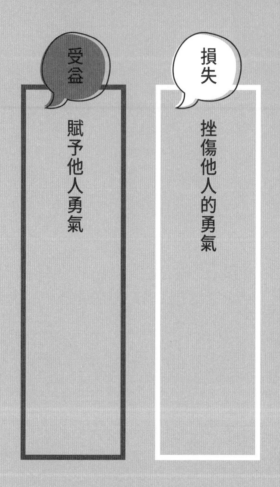

挫傷他人勇氣是一種卑鄙的行為

第一章的「自虐」（請參照第18頁）中提到的「為什麼做不到？」「怎麼這麼糟糕啊？」「反正也沒什麼才能！」這些是你絕對不想被別人說的話吧。

在阿德勒心理學中，像這些挫傷他人前進勇氣的話語，被稱為「挫傷勇氣」的話語；反之則被稱為「賦予勇氣」的話語。

當你沒什麼自信，猶豫不決的時候，什麼樣的話語能讓你有勇氣繼續前進？經歷過失敗，當你再次嘗試時，你希望聽到什麼樣的話？

你想聽到的是「賦予勇氣」的話。

那麼，還有一個問題。

你平時多常為他人「賦予勇氣」呢？

另一方面，你又多常為他人「挫傷勇氣」呢？

十次有一次「賦予勇氣」，十次有三次「挫傷勇氣」……等等。如果你經常做出「挫傷勇氣」的事，那你是不是還沒有停止虐待自己呢？經常虐待自己的人，更可能會去挫傷他人的勇氣。你挫傷了自己的勇氣，也挫傷了他人的勇氣。如果你總是這樣做，將沒有人會受益。

對孩子說「這個你做不到啦」，或對下屬、同事說「你很糟糕誒」，都是在「挫傷勇氣」。

別人無意中說出「挫傷勇氣」的話語，會使人感到非常沮喪、失去動力。當你說出「挫傷勇氣」的話時，你就變成了削弱對方邁向未來動力的「挫傷勇氣」者了。

我們希望自己的孩子成為優秀的人，但實際上我們正在剝奪他們這樣做的能量。作為領導者，你想提高團隊的績效，但你卻在消耗重要成員的動力，採取與提高績效完全相反的行動。

從頭來看，這些都是相當令人失望的行為。

「挫傷勇氣」和「賦予勇氣」

賦予勇氣

‧增加對方前進的勇氣
‧提高對方邁向未來的動力
‧為自己加油的人更容易有這種傾向
‧人際關係變好

好好地反省
但我們只是還
沒有得到結果
堅持下去
你可以的
認可、信賴
這只是
通往成功的
一個過程
清楚地瞭解
你想做什麼
自我 2
自我 1

「挫傷勇氣」和「賦予勇氣」（續）

挫傷勇氣

- 削弱對方前進的勇氣
- 剝奪對方邁向未來的動力
- 虐待自己的人更容易有這種傾向
- 人際關係惡化

爲什麼做不到？
不認同
怎麼這麼糟糕啊？
反正也沒什麼才能！
自我 2
自我 1

做了這樣的事，還要聲稱自己作為父母所採取的對應是正確的，或者主張自己只是作為領導者、主管，進行了適當的指導，這是非常不合理的。

有些人會故意用「挫傷勇氣」來削弱對方的生命力。

例如，你可以對你嫉妒的人使用「挫傷勇氣」，來貶低對方，從而獲得哪怕只是一點點的優勢。做人如此器量狹小，是一種非常卑鄙的行為。

即使你透過卑鄙的行為去得到了你想要的結果，你也無法接受和認可自己，因為你知道自己做了非常卑鄙的行為。即使你覺得自己意識上能夠認可它，但你的潛意識層面和人性是不會允許的。

而且，如果你繼續做卑鄙的行為，人們喜歡你的概率自然就會越來越低。人們當然不會喜歡那些挫傷他們勇氣的人，即使不是針對自己，也很少有人會對試圖挫傷他人勇氣的人抱有好感。從很多方面來說，成為一個卑鄙小人是一種極度吃虧的生活方式。

成為一個賦予勇氣的人

想要停止做吃虧的事，你必須意識到你正在「挫傷勇氣」。為了意識到自己在對他人「挫傷勇氣」，首先，要意識到自己（自虐）在對自己「挫傷勇氣」，並停止這種行為。

接下來，你要意識到在與人相處時「挫傷勇氣」的自己，然後問自己：「怎麼辦？你要繼續這樣嗎？」

也許也可以問「你還要繼續做一個卑鄙小人嗎？」要注意的是，「你現在做的是『賦予勇氣』的溝通，還是『挫傷勇氣』的溝通？」這樣問問自己，是有效的。然後，請去判斷你要增加哪一邊。

「賦予勇氣」的根本在於認可。

認可不僅僅是認可對方現在能夠做到的事情，就算他們現在還做不到，也要去認可他們未來的能力，也就是認可對方的可能性。

與其使用挫傷他人勇氣的話語，不如使用賦予他人勇氣的話語，這樣更能激發他們的潛力。你可以成為一個「賦予勇氣的（出色的）人」，而非一個「挫傷勇氣的（卑鄙的）人」。

另外，建議給為對方「賦予勇氣」的自己點個「讚」！對於提高自我肯定也很有效果。根據我的經驗，當你增加「賦予勇氣」溝通的比例時，你的人際關係會出人意料地改善。這無疑是對你有益的。

專欄二

對兒童的言語虐待，會造成大腦損傷

「挫傷勇氣」這個詞是暴力，也是種虐待。

根據福井大學和哈佛大學的一項聯合研究，持續受到父母言語虐待的兒童，會在大腦皮層顳葉的部分「聽覺皮層」不斷地發生顯著變化。這不僅會造成聽力障礙，而且還會對智力和理解力的發展產生不良影響。

這項研究還發現，體罰等身體虐待會影響「右內側前額葉皮層」（圖3左），這是前額葉皮層的一部分，主要是在控制情緒和思想，並抑制犯罪。

這裡的重點是，言語虐待所造成的大腦損傷，比身體虐待的影響更大。言語暴力甚至比身體暴力更可怕。

這就是為什麼我們對孩子使用的言語是如此重要，以及為什麼我們需要思考如何訓斥和教育他們。養育孩子是非常辛苦的工作，當然也會有不得不發火的時候，但要注意不要使用「挫傷勇氣」的言語。

Column 02

圖三　受言語虐待和身體虐待影響的大腦區域

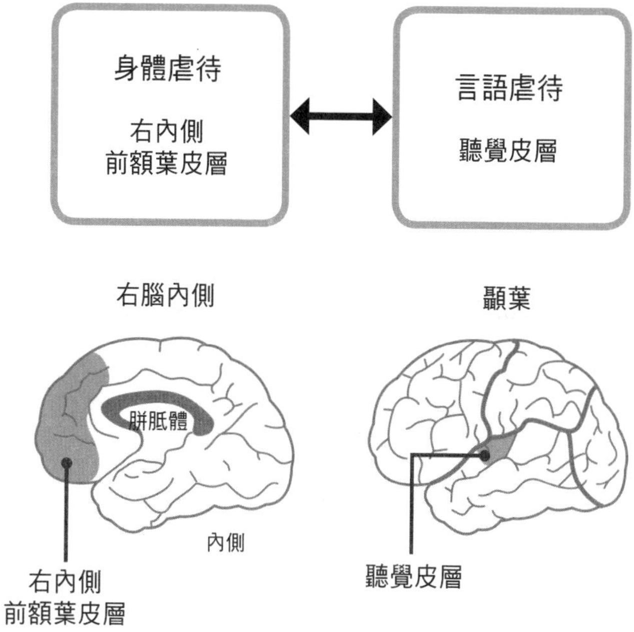

第三章

停止在工作方式中「吃虧」

不要輸給 AI

獲利

做能發揮自己本質的工作

損失

做帶有AI性質的工作

你的準確度比例尺

0 1 2 3 4 5 6 7 8 9 10

＊ 從不做任何造成損失的事 =0、有時 =5、總是 =10

＊ 請將符合的選項塗滿

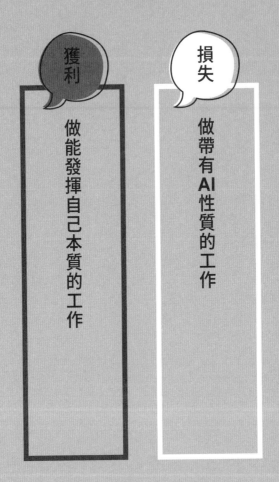

帶有AI性質的訓練

我們經常會聽到有人說「未來，AI將會取代人類現在大部分的工作」。這是可能發生的事，實際上也已經開始運轉了。

從古至今，技術的發展已經多次改變了工作方式。二十五年前，網際網路還不是很普及，而現在已經發生了巨大的變化，在工作中使用電腦已經變得理所當然。儘管人們總是在適應這些變化，但AI所帶來的變化，可能會產生更大的衝擊吧。

但也不須過度擔心，先試著問問自己以下的問題：

你目前正在做多少帶有AI性質的工作？

而今後你打算如何改變它們？

帶有AI性質的工作是指從「輸入→按照預定步驟處理→輸出」的流程中，產出預期結果（輸出）的工作。也就是所謂按表操課的工作。

是「只要理解步驟並去執行就能做到的事情」，也可以說是「AI遠比人類還要能更準確、更快速、更大量完成的工作」。

如果你一直無法明確地回答上述兩個問題，AI就會像一個無止盡的潛在威脅，讓你感到害怕。但是，如果你能夠回答這些問題，就不用再害怕AI了。

一直以來，人們一直在教育中競相追求如同「如果把這個應用到這個方程式中，就能得到這個答案」，這種精準的「唯一正解」。

但工作沒有正確答案。這是因為，「如果這樣做，一定能夠得到更好的成果。」「如果這樣做，一定能在考試中獲得高分。」

像這樣，一個透過按表操課而獲得成功的人，一旦進入社會，就會面臨無法繼續以按表操課來打通關的現實。如果不改變自己，你的工作就不會順利。

如果你還是持續地做像AI般「**輸入↓按照預定步驟處理↓輸出**」的工作，你的工作領域將會迅速地被AI取代。

為了避免這種情形，我們必須要有「捨棄AI思維的勇氣」。

讓自己進入「WANT」模式

當你停止或捨棄一直以來依賴、堅持的東西時，改變就可能發生。

例如，當你完成最後的教育學程，失去了「只要去上學就好」的定位，便是面臨了成為商業人士的巨大轉變。

這是一種半強迫改變的方法，但一旦你成為商業人士後，就必須要面對社會和制度，你必須自己去思考：

「應該捨棄什麼？又應該留下什麼？」

「應該如何進行策略性的改變？」

那麼我們應該如何去改變呢？

即使你現在做的很多工作都是帶有AI性質的工作，我也不認為突然停止做這些工作是個好主意，更別說是突然從公司辭職了。

首先，從你現在的工作中找到一個你喜歡並且熱衷的小種子，然後試著去做。如果它看起來快萌芽了，我建議你可以減少花在其他事情上的時間，逐漸增加投入其中的時間，然後觀察它是如何發展的。

此外，持續地嘗試做你真正感興趣的事情，即便它和你目前的工作毫無關係。即使你一開始就不指望從中賺到什麼錢，也不知道它是否能幫助到別人，也要試著傾心投入在你喜歡和熱衷的事情上。

換句話說，就是尋找你在「WANT模式（想要模式）」下能做的事情。

大多數的人在改變自己時，傾向於：

「因為△△證照今後好像很有用，所以想考看看。」

「感覺○○好像會成為流行趨勢，所以想參一腳。」

「◎◎行業好像很賺錢，所以想換工作。」

……等等，就只是試著去應對周遭的變化。

迷失自我的人和正在做自己喜歡的事情的人

但重要的是，為了能發揮自己的本質，要做自己喜歡做的事情、做自己真正熱愛的事情。

不管它再怎麼成為流行趨勢、再怎麼賺錢、證照再怎麼有用，如果你覺得做起來不快樂、沒有熱情，那麼，無論你投入多少精力，將來恐怕也很難超越AI性質的工作水準。

為了避免被AI取代，建議你找出可以在「WANT模式」下做的事情，然後把它變成你的工作。

化平凡為非凡

獲利	損失
認真地對待基本工作	敷衍地對待基本工作

你的準確度比例尺

0 1 2 3 4 5 6 7 8 9 10

* 從不做任何造成損失的事 =0、有時 =5、總是 =10
* 請將符合的選項塗滿

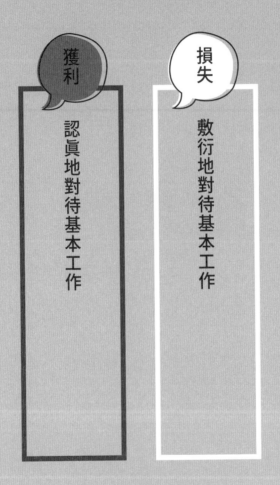

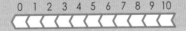

一流的工作是基本的積累

任何事情都有基本和基礎。音樂、運動，當然工作也有。為什麼要把基本和基礎放在第一位呢？很多人將基本和基礎誤認為是「簡單的事情」，但其實不然。這是因為基本和基礎是「最重要的事情」。任何學習，都是將最重要的事情重新編排成比較容易開始的程度，用來做為基本課程或基礎課程。

在我的職業生涯和執行教練經驗中，我見過許多一流人士（其中不乏社會上的知名人士以及頂級人士）。

他們有一個共同點，就是「從不忽視基本」。從他們的身影中，讓人切身感受到「一流的工作建立在基本的積累上」。

當然，也有一些是正因為有才能、有品味才能成為一流的人，但無論多麼地有才能、有品味，忽視基本的人，都無法持續做提供高品質產品的一流工作。

一流的日本料理廚師會認真地熬煮高湯，在職業棒球中獲得打擊王、打點王、全壘打王等頭銜的打者，平時會比別人更努力地練習揮棒或跑步等來鍛鍊下半身。

不能因為老是被指派做基礎工作，就邊抱怨：

「這不是我的工作。」

「現在不是做這種事的時候。」

邊敷衍地處理眼前的工作，這樣的人忽視了工作的基本，所以即便是那種程度的工作，他們也總是無法掌握工作的本質。即使是那些看起來很枯燥的工作，只要你認真地去做基本功，就能看到工作的本質。

即使是在為顧客統計銷售數據的工作中，在彙整資料的同時，也可以從數字中看出客戶的反應，並提出讓顧客更加滿意的改善方案。透過這樣重視基本的行為，有助於提高工作水準。

誰都不想只做他們覺得枯燥的工作。即使你現在所從事的大部分工作並不有趣，但避免從事這些工作的唯一辦法，就是要認真地去對待，去做一些閃閃發光的工作。

這樣做的話，將大大加快進行下一步的時間。

在日本戰國時期的眾多武將中，豐臣秀吉是唯一一個從百姓出身並成功統一天下的人。與織田信長、德川家康和其他領主之子的戰國武將不同，豐臣秀吉只能從最底層做起。

即便是拿草鞋這種最底層的工作，豐臣秀吉大概也從沒想過：

「這不是我的工作。」

「即使做了這些，也得不到天下。」

恐怕秀吉是這樣想的：

「這一步一步都和天下息息相關。」

我認為，不論是拿草鞋、照料馬匹、值班做飯，他都很認真地去完成每一樣被託付的任務。

當他被委以重任擔任軍隊首領時，他認真地對待、全力以赴；當他作為一國一城的領主，被交付城池時，他也盡心盡力、盡忠職守。正因如此，他最終才能掌握至高的霸權吧。

「比現在更好」的意識

「我想做這樣的事。」

「我想成為這樣的自己。」

有這樣的目標很重要。然而，只會感嘆那個目標與現在的自己之間的差距，或一直抱怨現狀，是沒有建設性的。

在這裡，我想引用一句鈴木一朗的話：

「達成夢想與目標的方法只有一個，就是累積微不足道的小事。」

很多人都只顧著眺望遠方，卻連最重要的腳都站不穩。他們想要馬上看到成果，於是反復嘗試一些似乎很快就能見效的方法，一旦行不通就停下來，再去嘗試另一種方法，然後又停下來。

這跟無法將飲食和運動變成一種習慣是一樣的模式。

無論多麼偉大的人，都不是一步登天的。重視基本工作、一步一步認真前進的人，創造他們想要的未來。要做到這一點，關鍵是要持續認真地去做好基本工作和一些瑣碎的小事。

你能想像鈴木一朗邊說著「現在不是做這種事情的時候！」「麻煩死了！」邊草率地做著熱身運動和例行公事的樣子嗎？

我相信，正因為他一直非常認真地對待每一件事情，包括一些小事，才能夠達到無人能及的崇高地位。

看似平凡的事物，只要不斷地重複也會變得非凡。

例如，高爾夫球打擊練習，如果只以「一次練習能打出兩百顆以上的球」為目標，即使反覆練習，也很難變得更好。如果你忽視基礎，繼續以自己的方式擊球，說不定只會讓你那糟糕的揮杆動作改都改不過來。

重要的不是「打了多少顆球」，而是「你怎麼打每一顆球？」

圖說：凡事都要絞盡腦汁去構思

曾擔任日本橄欖球代表隊總教練的艾迪・瓊斯 Eddie Jone 說過：「無論怎麼努力也得不到結果的人，肯定缺乏『我要比現在更好』的意識。」

重要的是從「我要比現在更好」的意識中所產生的構思。為了發揮構思，必須客觀地去觀察正在做的事情，並從中察覺和發現，然後以此為基礎去進行PDCA[5]。

5 PDCA：循環式品質管理。指透過反覆進行Plan（規劃）→Do（執行）→Check（查核）→Action（改善行動）的循環，持續促進業務改善的技術。

例如，即使讓你去做拿草鞋的工作，也要去思考：

「在什麼時候把草鞋拿出來，對對方來說是最舒服的呢？」

「怎麼樣打招呼是最好的呢？」

常常去構思「讓自己比現在更好吧」，然後不斷地嘗試和進化，如此一來，你就會和那些整天想著「拿草鞋才不是我該做的工作呢」，只是傻傻地拿草鞋的人，有著天壤之別。

另外，養成回顧當天工作的習慣，對於取得成果也非常重要。透過回顧，並記下進展順利的事情、不順利的事情、構思的事情等記錄下來，不僅可以幫助你記憶，還可能為你帶來新的想法。

根據HEC管理學院的史提凡諾 Giada Di Stefano 等人所進行的一項以客服中心為對象的研究顯示，在一天結束後，花十五分鐘回顧當天所得到的教訓，和沒有進行回顧的情況相比，十天後的表現高出了23％。

寫工作日誌是工作的基本內容之一，不是因為被逼了才寫，也不是隨便寫寫就交差了事，而是「為了你自己的進化」。

基本和基礎看似平凡，但只要重視它們，就能成為任何人都無法模仿的非凡存在。

清空你的日程表

獲利

在日程表上空出很多空間

損失

在日程表排滿預定事項，才會覺得安心

你的準確度比例尺

0 1 2 3 4 5 6 7 8 9 10

＊ 從不做任何造成損失的事 =0、有時 =5、總是 =10

＊ 請將符合的選項塗滿

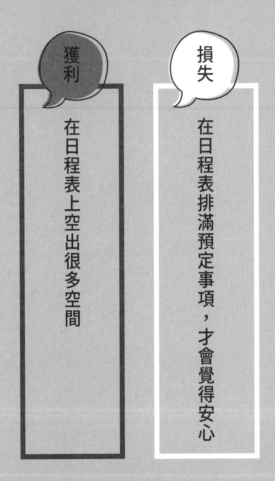

「忙碌」是件帥氣的事嗎？

我的職業生涯是從廣告公司開始的。因為憧憬著當時備受歡迎的「廣告人」稱號，理科出身的我，投身到了文科人士較多的廣告業界。

在這個行業中，「忙碌」被認為是一件很帥氣的事。當時幾乎所有人都每天加班，坐末班車回家是理所當然的事情。喝酒聚會也是每天必備。喝到凌晨三、四點，然後坐計程車回家睡三個小時左右後就去上班的事情也不少，簡直是過著現在無法想象的生活。

在我二十多歲的時候，我認為這樣的生活是理所當然的，但現在回想起來，不可否認我當時被周遭的價值觀所左右，缺乏自主性。在那之後，三十多歲進入的外資企業沒有加班費的概念，而是出現了：

「加班＝不能按時完成工作＝沒有工作能力」

這樣截然相反的想法。

在這裡工作的期間，我對時間的概念和價值觀產生了很大的變化。而且，我開始覺得「忙碌」是一個令人尷尬的詞。

以前，我生活在「忙碌＝有能力的證明」這樣的價值觀中，但真正意識到「忙碌＝沒有多餘的心力＝失去自由的狀態」之後，我就儘量不把「我很忙」掛在嘴邊了。

當我觀察那些從事一流工作的人時，發現他們都散發著一種從容的氛圍。這一方面是來自於他們自我信任[6]的從容，另一方面是來自於他們實際上留了很充分的時間來行動。他們正在做大量的工作、接受巨大的挑戰，所以他們在時間上一定很忙，但他們工作速度快、可以控制自己的時間和日程，所以他們顯得游刃有餘。

而我們也可以透過界定「什麼要做，什麼不要做」來拉近與他們的距離。

---

6 自我信任：對現在的自己、未來的自己抱有信任和希望。

尤其是那些忙得不可開交的人，往往是因為他們沒有好好地思考「什麼不要做」，才會變得這麼忙。

他們希望透過把日程表填得滿滿的，來感覺自己有在「做事」，或透過滿足自己「想成為別人需要的人」來獲得安全感。等到你意識到的時候，就會發現自己做著可有可無的事情，或重要性低的工作比重變多了，陷在「我很忙、很忙」的泥沼之中。

這也意味著你沒有策略性地生活，向周遭的人說「我很忙、很忙」，無異於是在貶低自己說「我很無能喔」。

有策略性地工作

為了不被工作壓得喘不過氣來，就必須要控制工作量，制定提高工作效率的策略。

為此，首先就是要考慮「什麼不要做」。

捨棄那些不那麼重要的工作。

具體的方法是，在每張便條紙上寫下你目前正在做的一項工作，並在那張便條紙上寫下重要性級別。此時，用1到10來表示重要性。10代表「如果你不做，就會影響到整體的工作」，1代表「即使你不做，對整體影響也很小的工作」。

接下來，用1到10來表示緊急程度。10代表「不管發生什麼，現在就應該要馬

圖 4　時間管理矩陣圖

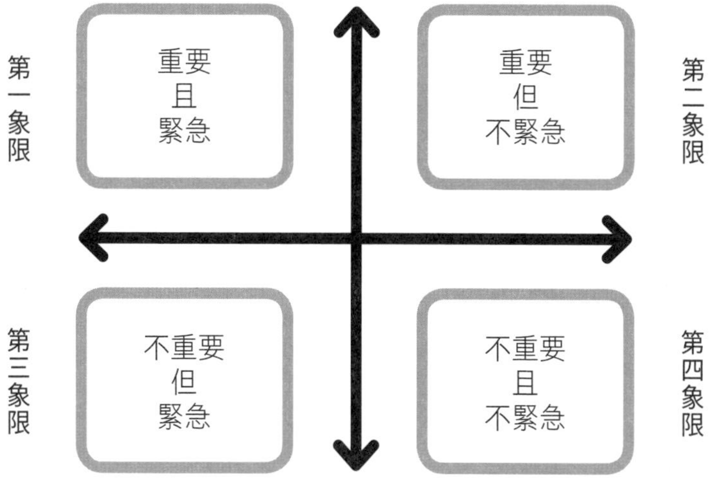

上做的工作」，1代表「幾個月後再開始也能做好的工作」。

在便利貼上寫完後，製作如圖4所示的圖。這是將工作的重要性和緊急程度用1到10表示的矩陣圖[7]，第一象限是「重要且緊急」，第二象限是「重要但不緊急」，第三象限是「不重要但緊急」，第四象限是「不重要且不緊急」。在這張圖上，把剛才的便條紙貼在各自的重要性和緊急程度交叉處。

7 這是《與成功有約：高效能人士的七個習慣》（天下文化）中提到的第三種習慣「時間管理矩陣」的應用。

如果貼的時候感覺不協調，請不要在意便條紙上寫的分數，試著移動便條紙的位置，直到你滿意為止。那裡就是那個工作本來的「重要性和緊急程度」。

如果你的口頭禪是「我很忙」的話，如圖5所示，便利貼是不是特別集中在第一象限和第三象限呢？

你可能還會注意到，第三象限中存在著大量違背你意願的便利貼，例如：參加不重要的會議。

而且，在第二象限便利貼上的那些工作，你是不是幾乎都沒有去動過？不管到什麼時候，這個狀態都不會改變，所以總是很忙。

相反地，一流的人才會優先處理重要性和緊急程度高的工作，而為了捨棄重要性和緊急程度低的工作，則如圖6所示，會集中在矩陣圖的第二象限。

而且，第一象限、第三象限、第四象限上沒有太多便利貼。

這是因為，第二象限的「重要但不緊急」的工作不斷地推進，所以就很少有第一象限的「重要且緊急」的工作。

圖 5 裝忙的人的矩陣圖

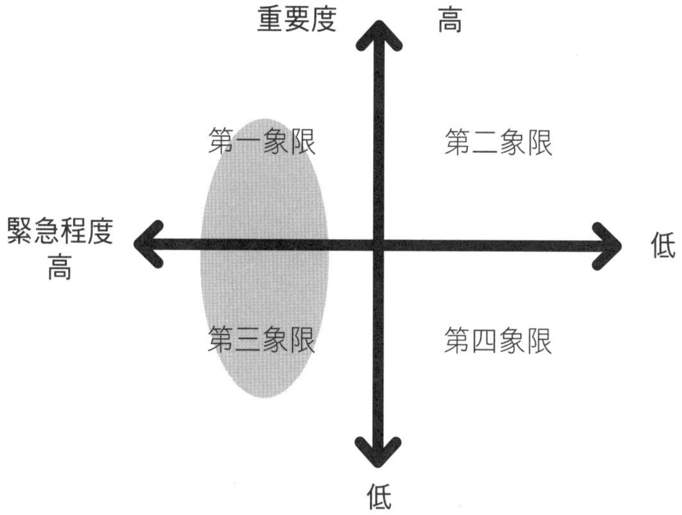

圖 6 高效工作者的矩陣圖

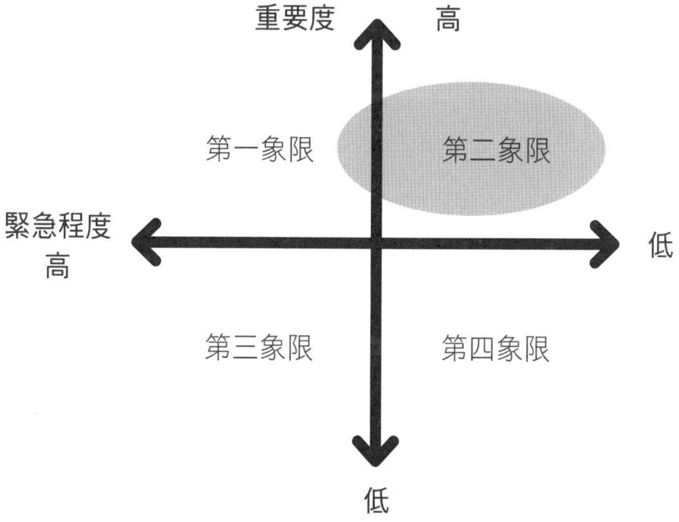

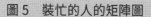

而且，因為策略上已經捨棄了第三象限的「不重要但緊急」的工作，所以總是能從容地工作。

在這種狀況下，即使出現了第一象限的工作，也能集中精神去進行每一個工作。

你的休息方式會改變你的工作方式

另外，休息時間也很重要。

你是如何度過黃金週和暑假這些長假的呢？

大多數的人會去遊樂園玩，或者去遊覽國內外旅遊景點、做做運動……等等。即便去海外旅行，也會碎念著「這個時間，要去哪裡、要做什麼……」，只要閒下來就會覺得很浪費時間，忙得不可開交，明明是為了休息和放鬆而去的旅行，但最後回到家的時候都累壞了。很多人忙碌的假期不是關機（OFF）的時間，而是開機（ON）時間的延長。

真正的休息是「什麼都不做、放空」。最重要的是要讓你的腦袋休息。因此，最好能讓自己完全放空。

去海外的度假勝地時，很容易會看到有人躺在泳池邊的躺椅上，一整天都在睡

工作、休閒和休息的關係

覺或看小說。

你可能會覺得「難得來一趟度假勝地，卻只做那些事，實在太可惜了」，但這的確是一種充分獲得休息的方法。

歐美企業的經營管理幹部或位居要職的人，會在暑假期間請一個月左右的假前往度假勝地，在這期間幾乎不會離開飯店的腹地，就這樣悠閒放空地度過。

他們的目的不是要忙碌地到處遊玩，而是要停止在工作時一直比別人更全速運轉的腦袋，為了要好好放空而遠離生活環境，目的是要讓大腦休息。因為他們知道這才是真正的關機時間。

只要確保關機的時間充足，開機的時

候就會變得更充實。

而且，透過在關機時間內讓大腦得到充分的休息，更容易想出一些你以往在忙於思考時想不出來的構思和想法。

由於只靠一年裡幾次的長假很難達到開關機之間的平衡，因此最好能在日常生活中有意識地去創造關機的時間。

休息，是要放空、停止思考，所以在家裡或附近的公園等地也可以進行。在公園散步、在家裡冥想、做做伸展運動，讓自己流汗也是很好的方法。

請務必試著將關機時間融入你的日常生活。

不要做一個「什麼都做的人」

獲利

根據你「想做的意願」來決定是否接受委託

損失

接受老闆的任何委託

你的準確度比例尺

0 1 2 3 4 5 6 7 8 9 10

＊ 從不做任何造成損失的事 =0、有時 =5、總是 =10

＊ 請將符合的選項塗滿

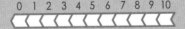

變成一個什麼都做的人會有怎麼樣的危險

在你忙得不可開交的時候，只要停下來冷靜地審視自己正在做的事情，就會發現有時裡面充滿了被指示的事情和不是那麼重要的事情，幾乎完全沒有以自己為起點而開始或自己能夠傾注熱情的工作。

無論是誰都會有「想獲得別人讚美」的想法，但是撇開新進員工或實習期間不說，已經工作多年的商務人士在這種狀態下，無論是從上司還是從同事的角度看，都很難找到值得稱讚的東西。

為什麼會變成這樣呢？

這主要是因為，你對於上司所委託的工作，有全盤接收的習慣。我知道你可能想說「因為是上司的委託，所以沒辦法拒絕」，但是沒有任何一家公司有規定「不管上司提出什麼樣的委託，下屬都必須要接受」。你總是不自覺地接受它，並不是因為它是規定，而是因為這些心理在作祟：

「不接受的話，會留下不好的印象。」

「不接受的話，就不會再指派工作給我了。」

「不接受的話，會影響我的評價。」

的確，如果拒絕的話，可能會給人留下不好的印象，但是不管什麼都接受的話，也可能會遭受到意想不到的損失。

做好平時被委託的事情

←

可以被信任

←

被交付重要的工作和你想做的工作

什麼都做的人

我相信這是真的。

但是，如果被認為「這個人什麼都會接受」的話，你就會有被視為什麼都肯做的人的風險。

如果什麼都接受的話，你投入到一項工作上的時間就會減少。在沒有時間的狀況下，為了要能趕上期限，就只能敷衍了事。如此一來，工作品質就會下降，因此最終你只會被指派一些重要性不高的工作。

即使被誇獎「做得很好」，但你獲得真正高評價的機會也會越來越少。如果這成為常態，你的職業生涯將無法達到預期。這已經不是損失不損失的問題了。

另外，由於持續被重要性低的工作搞得筋疲力盡，所以也可能導致心理狀態逐漸惡化。

將現狀可視化

為什麼會變成這樣呢？

那是因為你沒有一個正確的「工作策略」。

如果在你的上司告訴你該做什麼之前，你就有一個自己的策略，你會更清楚地了解什麼是重要的、什麼是不重要的；你想做什麼、你不想做什麼。

順帶一提，這裡提到的不重要的工作，是指即使做了也只會被認為是「理所當然」的工作。

所謂的工作策略，是指去思考「如何去做重要且自己想做的事情？」並將它付諸實行。為了不成為「什麼都做的人」，就必須將你的工作可視化並掌握它。

圖7　動機程度的矩陣圖

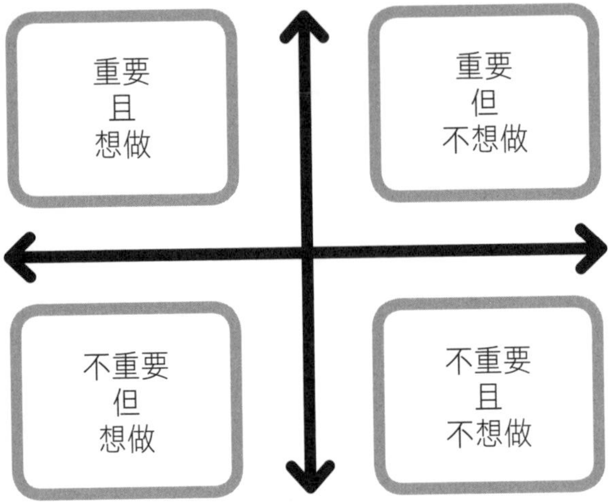

首先，我們將使用第11節（第116頁）中的矩陣圖，並將緊急程度更改為動機程度。

「重要－不重要（重要性）」

將你正在做的每一項工作寫在便利貼上，再把它貼在「想做－不想做（動機程度）」的矩陣圖（圖7）上。並在便利貼上，分別為它們的重要性和動機程度寫下分數（1到10），以及你為了完成那個工作，使用了百分之幾的工作時間。

如此一來，就能看出「重要且想做」「重要但不想做」「不重要但想做」「不重要且不想做」這些工作分別使用的時間比例。

首先應該減少的是「不重要且不想做」這個象限的工作。有效的策略，至少要從拒絕這個象限的工作開始。

拒絕工作的勇氣

如果不想接受「不重要且不想做」這個象限的工作，就必須要有拒絕的勇氣。要拒絕，重點是必須要有一個明確的拒絕理由。但如果只是提出「我不想做」的話，會讓你的印象和評價變差。

「我現在以A和B的工作為主。A那邊的商品製作上有截止日期的壓力，B那邊則是很可能會收到客戶那邊追加作業的要求。如果接受那份工作，可能會影響這兩者的品質，給整個團隊帶來困擾。所以很抱歉，我想暫時專注於A和B。」

像這樣，如果你能明確地傳達不能接受的理由，上司也比較容易理解。

這裡的策略是，為了要以這種方式明確地傳達你的理由，最好能常常把矩陣圖放在心上，並在你的腦海中清楚地劃分「要接受什麼、不接受什麼」的界線。然後逐步提高你所能接受的標準分數。

如果接受了重要性和動機程度為5分的工作，那麼就先以最高品質完成那個工作。然後，將接受的標準逐漸提高到6分以上、7分以上、8分以上。那麼，不久之後，你的矩陣圖就會充滿「重要且想做」的工作。

或許有人對於拒絕這件事情本身就有所牴觸。在這種情況下，你可以問問自己：

「一時的體面和中長期的巨大損失，你要選擇哪一個？」

在這裡，如果你接受被當成是「什麼都做的人」的話，最後不僅是你現在手上的重要工作A和B，就連從部長那裡得到的工作，都只能用馬馬虎虎的品質完成，整個工作的評價可能會變差。

受到上司賞識就可以出人頭地和成功的時代已經結束了。你想要的職業生涯是無法只靠等待上司的指示或接受所有工作來積累的。

重點是要培養在任何公司都通用的實力。

即使是重要性低的工作也要以高品質完成，透過迅速從那個階段畢業，來增加更多的時間磨練自己的實力，這是讓你可以做重要工作或自己想做的工作的捷徑。

另外，如果你的工作中有太多「重要但不想做」的工作，那麼這個職業本身可能不適合你，所以建議你可以花點時間去尋找不同的道路。

立刻回應

獲利	損失
立刻回應別人提出的提議	無法立刻回應別人提出的提議

你的準確度比例尺

0 1 2 3 4 5 6 7 8 9 10

＊ 從不做任何造成損失的事 =0、有時 =5、總是 =10

＊ 請將符合的選項塗滿

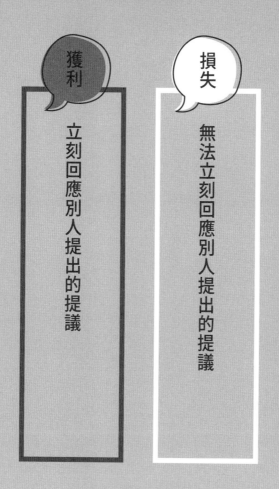

快速回應是成功的關鍵

你偶然和上司搭了同一部電梯，此時，上司突然對你提出一個關於工作的問題：「對了，你覺得我們公司在C地區和D地區的佔有率差異來自於哪裡？」，這個時候你會怎麼做？

你會不會因為慌張而當場愣住？

你會說：「呃……我待會調查一下再跟您報告」，然後重新去跟上司報告嗎？

你是否能在可以理解的範圍內立刻回答：「原因有很多，但影響最大的因素是○○，因為……」？

搭乘電梯時，在極短的時間內，將自己想說的話以簡單易懂的方式傳達給對方，這樣的對話技巧就叫做「電梯簡報」。

在電梯簡報中被突然提問時的反應

因為是在電梯裡，所以回答的時間只有幾秒、幾十秒。勝負取決於在那段時間內如何準確抓住重點並回答。

據說在歐美，這個電梯簡報的成功與否也被認為是出人頭地的關鍵。

那麼，在前面提到的比喻中，你會想讓做出什麼樣應對的人出人頭地呢？

當場愣住的人？

之後再報告的人？

立刻回答的人？

我想你應該會選擇立刻回答的人吧？

立刻回答有以下兩種：

第一種是，你可以像剛剛的電梯簡報一樣，對於上司突然提出的問題，立即回答並表達一些意見，例如：「A地區的銷售額情況如何呢？」「您對B公司的新產品有什麼看法呢？」。

這是經常認真工作，積極收集相關資訊，並對其進行考察才能做到的。正因為有這個基礎，所以能夠馬上回答的人，會讓對方覺得「這傢伙可以做到」。

第二種是，對於突如其來的委託、提議和邀請，要立刻回覆。

例如，當熟人提議「我想建立這樣的社區，要不要一起做？」，或從不同行業的其他公司收到「想和貴公司進行這樣的合作，你覺得怎麼樣呢？」的邀請時，你的回答。

假設你是提議一起建立社區的人，如果對方回答：「真有趣。我會考慮的」，和對方立刻回答：「很有趣誒。算我一份！如果做○○和△△△應該也會滿有意思的」，你會對哪一個人留下更好的印象呢？也許後者會給人留下更強烈的「這個人會成為好夥伴」的印象。

如果反應慢或感覺猶豫不決的話，就很容易給人「他是不是不太感興趣啊」，「即使和這個人合作，感覺也不會有好結果呢」的印象。而且，對方也可能會馬上說「那我就去找別人囉」，從而扼殺了機會萌芽的可能。

成功人士和生活充滿活力的人都是一些反應迅速的人。這就是為什麼成功人士只願意和反應迅速的人一起工作。因為他們知道，能憑直覺做決定的人和能瞬間判斷這件事能不能做的「有爆發力的人」，會比根據邏輯做出決定的人，更容易在工作上取得成功。

抓住機會的瀏海

想要和成功人士或有實力的人一起工作，並抓住成功的機會，培養爆發力是很重要的。

「有爆發力的人」會有以下特徵：

- 確認自己想做的事情。
- 知道自己的價值觀和願景。
- 比起是否合乎邏輯，要根據是否有趣來判斷。
- 想要有跨出舒適圈（自己感到舒適的區域）的體驗。
- 時時做好準備和設想。
- 與其害怕失敗，不如從嘗試中尋找價值。

- 比起害怕消極的未來，更專注於創造令人心動的未來。

你有符合以上列舉的哪項特徵嗎？

如果有符合以上特徵的人，就這樣照著自己的意願去做，當機會來臨時，就抓住它不要放手。但即使沒有符合你的特徵，只要從現在開始提升爆發力就好了。

要提升爆發力，最重要的是要確認自己的價值觀和願景。如此一來，你煩惱的時間就會減少，讓你更容易立刻做出回應。

要做到這一點，首先你必須要能夠清楚地回答這個問題：「你人生中最重要的是什麼？」

接著，「在重視這些價值感的同時，你想成為什麼？你想實現什麼？」

你必須具體地去了解自己的願景和價值觀。如果這些都很明確的話，你就能瞬間且準確地判斷是否接受一個委託、提議或邀請，並立刻做出回應。

例如，如果你知道自己重視的是「誠實地為自己的能力奠定基礎」，那麼你會立刻拒絕一份能讓你馬上賺到錢的工作機會或研討會的邀請。

然而，如果你對自己的價值觀和願景沒有明確的認識，你就會傾向於答應邀請，儘管你懷疑「真的會有這麼好康的事嗎？」

在我對自己的價值觀和願景還沒有明確認識的時候，也曾只以薪資等待遇比較好的標準去跳槽，經歷了幾次巨大的失敗。現在回想起來，我把寶貴的時間浪費在了與我的價值觀和願景完全不同的工作上。如果這時候，我能夠清楚地看到自己的價值觀和願景，那麼我應該會立刻拒絕這次轉職，走上更加正確的道路吧（雖然這也可以說是從中學到的經驗……）。

為了明確你的價值觀和願景，你應該經常問自己：

「我生命中最珍惜的是什麼？」

「我真正想做的是什麼？」

這裡所提到想做的事情不是指：「我想變成有錢人」「我想變得有名」，這些為了自己的事情。

而是，「我想成為這樣的人」「我想以這種形式為他人服務」，像這樣對別人有

眼睜睜地目送後腦杓沒有頭髮的機會之神離開

幫助的事情。

你對這些問題的回答越明確，就越可能成為一個「有爆發力的人」「能夠立刻回應的人」，踏上能抓住機會的人生道路。

順道一提，機會之神的瀏海很長，但後腦杓沒有頭髮。

所以即使機會之神來到你面前，如果你一直猶豫不決，想著「我沒有辦法做決定」或「我還需要考慮考慮」，你就無法抓住祂的瀏海，當你想要抓住機會的時候，你只能看到祂的背影，卻抓不到不存在的後腦杓頭髮。

相當隨興地開始

獲利

不要一開始就追求完美，先做再說

損失

陷入臨近最後期限才開始準備的窘境

你的準確度比例尺

0 1 2 3 4 5 6 7 8 9 10

＊ 從不做任何造成虧損的事 =0、有時 =5、總是 =10
＊ 請將符合的選項塗滿

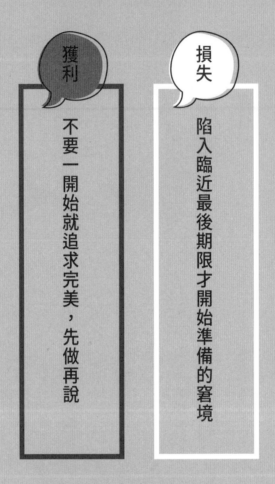

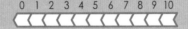

不完美也沒關係

在企業培訓和指導過程中，我經常被問到這樣的問題：「我很難開始動手去做我必須要做的事情。該怎麼辦才好呢？」

例如，演講的準備工作應該要提前幾週開始，到三天前左右大致完成，並反覆進行排練和小幅修正，雖然想以最佳狀態迎接正式演出，但是很難做到。這是即將推出新產品的公司 CEO 和即將在學會上發表的大學老師等，可以說是相當習慣演講的人也會提出的諮詢。

與理想相反，實際上一邊想著要做，卻不知不覺地把眼前的工作放在了優先順位，等意識到的時候已經什麼都做不了，就這樣到了發表的三天前，才開始慌慌張張地準備，二天幾乎不睡覺才好不容易把它完成，但是連整場排練都還無法盡如人意，就這樣進入了正式演出。當出現一些小錯誤或「要是事先更改一下這裡的順序就好了」這類的小事，都會讓你在意得不得了，最後變成一場慌亂的演講。由於對提問的設想和對策也不充分，因此也對無法自信表現的自己感到自我厭惡，果不其然，每次都只能達到大概六十分左右的表現。

也可以說「如果要做的話，就要抽出時間好好地做，如果不好好地做就沒有意義了」，所以遲遲無法開始動手去做，最大的原因就是你覺得「必須要做好完美的準備才行」。

順道一提，有些人平時上網或查看社群網站時花費了大量的時間，卻抽不出時間看書，結果「藏而不讀」的書就越來越高。本來想著要「在連假時一次看完」，但實際上，到了假期就什麼都不想做，懶懶散散地度過，最終連一本書都沒看。這和「我很難開始動手去做我必須要做的事情」是同樣的模式。

這是個很大的「損失」。

剛開始只要有10%的完成度就好了

「必須要做好完美的準備。」

「如果要做的話，就要抽出時間好好地做，如果不好好地做就沒有意義了。」

但真的是這樣嗎？

事實上，這樣的想法大錯特錯。所以，首先要打破這樣的觀念。重要的是，最後的結果。準備工作（初步成果），隨興地開始就可以了。

也就是說，「剛開始只要有10%的完成度就好了。但是，要盡快開始動手去做」，這才是一個順暢的模式。

不要一開始就想著要製作紮實的內容，而是以「剛開始只要有10%左右的完成度就好了」，這樣隨興的心情開始嘗試。如果是演講的話，試著在三週前抽出大概

遲遲無法動手去做的人和不論如何先動手做的人之間的區別

十五分鐘左右的時間來做些什麼。

就算是隨興地，一旦你開始行動，你的大腦就會打開開關，所以試著問問自己「你最想要傳達的事情究竟是什麼？」，試著想像「演講結束後，聽眾們處於什麼樣的狀態是最棒的？」一些想法和應該確認的資訊會逐漸地浮現在你眼前，所以即便是一點一點慢慢地，也要踏踏實實地進行準備。

一想到「要做出紮實的內容，就必須花時間好好地去做」，心情就會變得沉重，於是遲遲無法開始動手去做。

如果下定決心「剛開始只要有10％的完成度就好了」，就可以輕鬆地開始製作簡單的文章和圖。

人類是一種神奇的東西，當你開始動手做的時候，就會打開「想要做得更好」的開關。就像是畫畫，如果你畫出一個大概的輪廓，就會想要繼續畫出一些細節或想要替這幅畫上色。

對於必須要做的事情，也可以利用這種感覺。如果打開「想要做得更好」的開關，那麼「不得不做」就會變成「想要去做」。

那麼，即使開始時覺得「剛開始只要有10％的完成度就好了」，但不知不覺間會想要「再多一點、再多一點」，等到發現時已經達到30％的完成度了，或者原本預定只做十五分鐘，結果埋頭苦幹了一個小時以上，完成度就越來越高。

即使剛開始的時候沒有什麼幹勁，真的只有大概5％、10％左右的完成度就結束，但那一天就讓它這樣就好，我建議你可以隔天再回來看看前一天做的。

即便只是盯著看，或許不久之後某個地方的開關就會被打開。就算只是看著，工作進展也要比什麼都不做要來得快多了，而且意識和行動也會隨之產生變化。

這邊做一點、那邊做一些之後，一、兩個星期內就能達到大概60％左右的完成度。然後，在演講前幾天，如果能做到一定程度的話，就來彩排一下演講吧。這樣做的話，你就可以有更多時間去根據聽眾的特性來進行彩排或思考設想的問題了。關鍵是，你不是處於睡眠不足的狀態，而是以身心從容的狀態去面對。

與其認為自己必須在完美的狀態下努力，搞得自己動彈不得，倒不如在不是那麼完美的狀態下，開始去思考和應對，這才是好好經營工作和生活的基本。

首先，建議你要捨棄「必須要在完美的狀態下努力」的想法，試著去做些什麼。

專欄三 快速回應的價值

我二十幾歲的時候，在一家廣告公司當業務。廣告公司的業務是團隊工作，團隊中有各種各樣的專家，包括行銷企劃、創意發想和銷售促銷等等。業務也必須承擔起集結這些優秀成員，並引導他們的職責。

有一次，我在思考「身為一個業務，我可以為客戶提供什麼價值？」而我也實際詢問了客戶。

「快速回應」。

這是我得到的第一個答案。

從那之後，我工作時就開始把回電話、回覆電子郵件或是處理一個小小的委託事項等等，總之需要迅速處理的事情放在第一位。

當時，在全國規模的廣告宣傳活動中，來自日本各地分公司的客戶紛紛跟我們聯繫，表示「海報和 POP 不夠了，請發送過來」，我也迅速地應對了這些要求。在那之後，各分公司的人向總公司的商品企劃部負責人傳達了「三浦先生的快速應對，幫了很大的忙」這樣的意見，作為業務的我得到了相當高的評價。多虧客戶，讓我養成了這個快速回應的習慣，真是件值得感謝的事情。

當我換了工作，成為客戶端之後，我更能理解這種感覺。如果合作公司的反應很迅速，那將非常有幫助。快速反應的習慣，是作為商務人士的一大武器。

事實上，當我與肩負重任的人或一流的專家合作時，我發現他們之中的許多人都是快速反應者。這些人有很多重要的事情需要聯繫，如果他們沒有立刻回覆，忘記的話，之後就會有很大的麻煩，所以他們會立刻回應。心情是很從容的，但工作卻完成的很快。

電子郵件的打法也有它的特點。那是一封郵件、一件事的打法。因為，如果在一封郵件中有好幾件事情或問題，其中有一件可能需要花時間回答的話，對方就很難馬上回覆。因為這樣，其他馬上能回答的事情也會被推遲，工作就會失去速度感。從這一點來看，如果是一封郵件、一件事的打法的話，知道的事情馬上就能回覆，所以交流可以很順暢。

高水準的工作總是需要速度感。為了能夠應對這種狀況，在工作方法上下功夫是非常重要的。

第四章

停止生活方式中的「損失」

不與他人競爭

獲利

專注於提升自己

損失

總是與他人競爭

你的準確度比例尺

0 1 2 3 4 5 6 7 8 9 10

＊ 從不做任何造成損失的事 =0、有時 =5、總是 =10

＊ 請將符合的選項塗滿

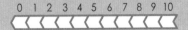

贏是一件好事嗎？

從小我們就被教導要去競爭。教育系統以評價和比較為主，因此產生了競爭的概念。孩子因為總是以學業成績這一個標準來被評價和比較，所以會意識到要和別人競爭。

與別人競爭的好處是，因競爭而產生的各種情緒會成為驅動自己的力量。戰鬥需要鬥志，當它發揮出來的時候，人們就會產生巨大的力量。

根據紐約大學心理學家蓋文．基爾杜夫 Gavin J. Kilduff 的研究結果顯示，從某個跑步俱樂部六年間的比賽結果來看，如果參加競賽的人都將彼此視為競爭對手的話，每個人都能跑出很好的成績。

也就是說，競爭對手的存在具有非常好的提升效果。然而，如果你只專注於與別人競爭，就會越來越突顯自己的缺點。

基爾杜夫的另一項研究顯示，如果過於在意競爭對手，會導致心理視野狹隘，很可能會做出例如不惜一切代價去獲取勝利、欺騙和作弊，這些道德上有問題的行為。

另外，如果你過度在意與別人的競爭，就會產生一種「想經常處於優勢地位」的優越自卑感，並且傾向於讓自己看起來比實際情況更好。因此，你總是把自己逼得太緊，導致對競爭對手的嫉妒和貶低他人，這在某些情況下甚至可能發展為霸凌。

例如，如果看到視為競爭對手的人，在社交網站上上傳了關於他們在工作上的輝煌成就時，就會覺得他們「在炫耀」，因此變得坐立難安，甚至有人會去匿名發表誹謗中傷的貼文。

被這樣的價值觀所束縛，即使在與別人競爭中持續獲勝，也會每天都在「總有一天可能會輸」的潛在恐懼中度過，所以內心始終無法平靜。

此外，你的視野和心胸變得狹窄，導致你沒有尊重對方的餘地，這可能會影響到你和他人的人際關係。

只顧著和別人競爭是一種「損失」，所以建議你不要與別人進行過多的比較。

如何獲得真正的認可

每個人或多或少都有與別人競爭的意識，而且正如我之前所說的，競爭本身並不是一件壞事。

人類都有成長的欲望，但任何領域的成長都不可避免地會出現競爭的機會，比如工作、學業、體育、藝術等方面的技能和知識。但如果競爭劣勢變大的話，在人性方面，非但不會成長，甚至可能會惡化。

如果你很在意別人的評價，在你瀕臨死亡的時候，你會希望人們對你的評價是「他雖然是個工作能力很強的人，但隨著年齡的增長，他暴露了他作為人醜陋的那一面」，還是「那個人不僅留下了很好的業績，而且作為人，也確實很值得尊敬」呢？

有些人可能會認為，競爭就是在與別人進行比較，但這可能會讓你陷入競爭劣勢。如果你無論如何都要競爭，建議你把重點放在超越昨天的自己。

我們應該不斷地問自己：「我比昨天成長了多少？」「我從現在開始打算要做的事情，會為我帶來比昨天更多的個人成長嗎？」

真正優秀的人不會炫耀或吹噓自己。這是因為他們不重視與別人比較。他們的競爭對手是昨天的自己，而他們每天都在不斷地努力超越那個自己。

像這樣，對於不斷超越昨天那個自己的自己，正因為能得到自己的認可（得到了真正的認可），所以再也不需要別人的認可。

了解焦慮和擔憂的真面目

獲利

專注於現在，把目光放在積極的未來

損失

把目光放在焦慮和擔憂等消極的未來

你的準確度比例尺

0 1 2 3 4 5 6 7 8 9 10

＊ 從不做任何造成虧損的事 =0、有時 =5、總是 =10

＊ 請將符合的選項塗滿

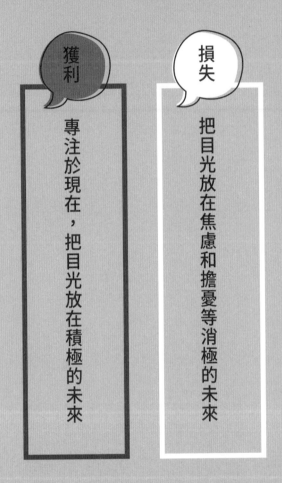

英國人不打傘

「我很焦慮。」

「我很擔心、很擔心。」

你是不是經常把這些話掛在嘴邊？

你身邊有經常把這些話掛在嘴邊的人嗎？

會被焦慮和擔憂折磨，也是沒有辦法的事情。這是因為人類本來就是種意識很容易被焦慮和擔憂支配的生物。

在大多數情況下，我們擔心的事情往往都是模棱兩可、不切實際的，例如「總覺得很擔心啊」「啊～怎麼辦，總覺得很焦慮」。

這被稱為「不確定性規避」，是一個描述「對於不確定的事情你有多在意」的概念。

經常查看天氣預報，以此決定外出時是否帶雨傘的人等，可以說他們「不確定性規避」的程度有較高的傾向。

相反地，也有些人只會在出門玩樂時查看天氣預報。可以說他們的「不確定性規避」的程度較低。

根據荷蘭社會心理學家吉爾特・霍夫斯塔德 Geert Hofstede 的調查指出，英國是「不確定性規避」程度較低的國家之一。

英國原本就是個多雨的國家，所以隨身攜帶雨傘是比較保險的，但對他們來說「下雨的時候溼答答地走在路上」是很正常的。當我住在英國的時候，我很驚訝地發現，就算下著傾盆大雨，也有很多人選擇不撐傘，就這樣溼答答地走在路上。

這同樣也可以套用在體育競賽上。

例如，不確定性規避程度高的人，即使是在身體狀況好的時候也會想「現在狀態很好，但不知道什麼時候狀態會變差」。有些人則是會抱著「狀態好這件事情本身就很奇怪」的偏見，他們可能會因為這種偏見，導致自己的狀態變差。

「不確定性規避」程度高和低的人

不確定性規避程度低的人，能夠用坦率的心態去看待狀態好這件事情，可以用「太好了，太好了，我狀態很好耶。真令人感激」這樣的感覺，毫不猶豫地堅持到最後。

焦慮和擔憂的真面目究竟是什麼？

那麼，焦慮和擔憂的真面目究竟是什麼呢？

這些都是對於未來可能會發生的消極事件的想像。總是充滿焦慮和擔憂的人往往會預測消極的未來，因此腦海中充滿了消極的想像。因為總是處於消極狀態，所以離幸福的感覺（幸福度）也就越來越遠。

幸福感取決於心情。

日本人在幸福感調查中，排名總是處於下位，很可能是因為他們是一個「不確定性規避」程度比較高的民族。

剛剛提到的吉爾特．霍夫斯塔德的調查中也說到，據說日本即使是和世界上「不確定性規避」程度高的國家相比，程度也是數一數二的高。

如果你只專注於那些消極的未來，那麼你花在專注於「此時此刻」的時間自然而然地就會變少，你也更容易失去心理上的穩定性。

近年來，被許多公司用來作為提高心理健康對策的靜觀，是透過將意識從過去的記憶或未來的印象引導到「此時此刻」，並藉此來穩定心靈。

「盡力而為」的真諦

可能有人會說：「我知道，但沒辦法，我還是會變得很焦慮、很擔心」。我知道想像一個積極的未來比想像一個消極的未來更好，但我無法做到。雖然剛剛提到了不確定性規避的程度，但這並不代表著不確定性規避程度高，就是「焦慮／擔心＝不好」。

預測消極的未來、對焦慮和擔憂的事情進行風險管理，在生活和工作的各個方面都是非常重要的。日本人的風險管理能力，在世界上也是公認數一數二的，具有相當高的可靠性。

事實上，唯獨那些喊著「我好焦慮、好焦慮」「我好擔心、好擔心」的人，往往沒有做好風險管理。該做的事不做好，整天憂心忡忡，沒有做好應對風險的對策，也沒有經年累月地勤奮學習。所以始終無法擺脫焦慮和擔憂。

變得焦慮或擔憂不是一種「損失」，置之不理的焦慮和擔憂才是一種「損失」。

如果你想像到的是消極的未來，就試著採取措施避免這種情況發生，然後將其轉換成對積極的未來的想像吧。

這就是「獲利」的方法。

不要變得過於消極，問問自己：

「那麼，你到底想怎麼做呢？你想變成怎樣呢？」

然後切換成對積極的未來的想像：

「我想變成這樣！」

「我想這麼做！」

剩下的就是竭盡全力地去創造積極的未來了。所謂的竭盡全力，並不是叫你「不分青紅皂白地拼命努力」，而是要「做好自己現在能做的事情」。

例如，如果你對現在任職的公司的前景感到焦慮的話，就試著確認一下這種焦慮是什麼吧。

焦慮的原因，是害怕失去這份工作嗎？還是覺得「這不是一份能充分發揮自己的工作」呢？所謂的焦慮，正是因為「搞不清楚」所以很麻煩，只要把焦慮具體化的話，光是這樣就能讓自己稍微平靜下來。

然後問問自己「那麼，你其實想怎麼做呢？你想變成怎樣呢？」

如果你「想在一家有前途的公司工作」，那就去尋找這樣的公司，並磨練能讓你被那家公司錄用的技能和經驗。如果你「想找到能大顯身手的方法」，就去找一個能讓自己更加活躍的部門或職業，或者在調動、跳槽時做好能充分發揮自己的準備。

試著竭盡全力地去完成這些「現在可以做的事情」。

雖然即使竭盡全力地去做，結果也不一定能盡如人意，但為了要抓住真正的幸福，帶著「盡了全力所得到的結果就是最好的。即使那並不是你想要的東西，這個經驗在未來肯定也能派上用場」，這樣的想法生活是很重要的。

如果你感覺到自己總是焦慮和擔憂，就問問自己：

「你有在做應該要做的事嗎？」

「你有竭盡全力地在做嗎？」

如果答案是否定的話，那就先從現在能做的事情開始做起吧。

如果擔心自己「被指派和國外做生意，但英文不好」的話，那麼就從每天背三個英語單字開始吧。即使是這樣的一小步也好。只要努力不懈地堅持下去，從三個、增加到六個、九個、十二個，一年的話就是一〇九五個，是實實在在地在增強自己的實力。

想像一個積極的未來，並竭盡所能的人生，與沒有竭盡所能，總是被擔憂和焦慮折磨的人生，有著相當大的差距。

在策略上試著變得無私

獲利	損失
對他人保持興趣	只對自己感興趣

你的準確度比例尺

0 1 2 3 4 5 6 7 8 9 10

＊ 從不做任何造成損失的事 =0、有時 =5、總是 =10

＊ 請將符合的選項塗滿

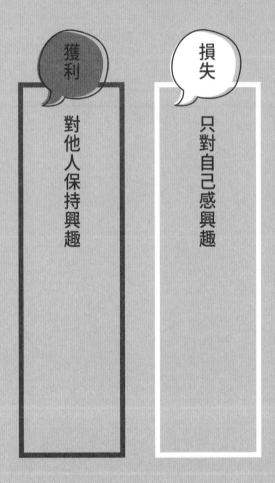

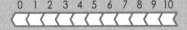

在自私的生活方式後面會有什麼呢？

人在狀態不好、沒有多餘的精力，或者世界陷入困境的時候，往往會表現出「只要自己好就好」的行為來凸顯自己，對別人也會變得很冷淡。

也就是說，在發生緊急狀況時，更容易判斷這個人是否自私。

自私就是只關心自己、只追求自己的利益。例如，搶購衛生紙、在排隊長龍中插隊、或者當孕婦在你面前時，你卻坐在博愛座上……等等。

根據普林斯頓大學的亞歷山大．托多洛夫 Alexander Todorov 教授等人的研究顯示，比起了解對方有多能幹，人們總是更想了解對方是多麼溫暖的人。而且，據說在短短三十三毫秒（0．03秒）的時間內，就會無意識地進行判斷（《Think CIVILITY「禮貌」是最強的生存戰略》）。

一瞬間就能判斷對方是否「溫暖」

根據對方是冷漠的人、還是溫暖的人，也就是說，他是自私還是無私的，來判斷是要保持一定的距離，還是要深入交往。

有些人儘管很自私，但與他人相處得很好。那都是些有錢或有社會地位的人。然而，這只是因為我們之間的距離被金錢和地位拉近了，所以一旦這些東西消失，周遭的人就會立刻疏遠。

我經常聽到這樣的故事，在擔任大企業的部長時，無論是公司內部的人還是客戶都很喜歡他，但是等到他退休、失去了那個職位之後，就再也沒有人關注他了。這是因為，即使是在大企業擔任部長的期間，周遭的人內心也一直認為「如果可以的話，想要跟他保持距離」。

另一方面，世界上也有一些人活得非常地無私。無私是自私的反義詞。無私的人，自然而然地比自己更為對方著想和行動。其中也不乏有人不顧危險，試圖救助溺水的陌生人，或者在高速公路正中間看到發生事故的車輛時，會馬上把自己的車停在路邊去救援……等等，會經常為了別人行動。

如果問他們「為什麼要這麼做？」，他們的回答總是「我自己也不知道。身體自然而然就動起來了」。

也就是說，像他們這樣的極端無私的人，是在自己和他人之間沒有界線的「無國界」的人（圖8右）。

他們並不是有意透過幫助別人來獲得人們的讚賞。因為自己和他人之間沒有界線，所以在他們看來，這更像是「為什麼我救了自己，要受到讚賞？」的感覺吧。

圖 8　自私的人和無私的人的差別

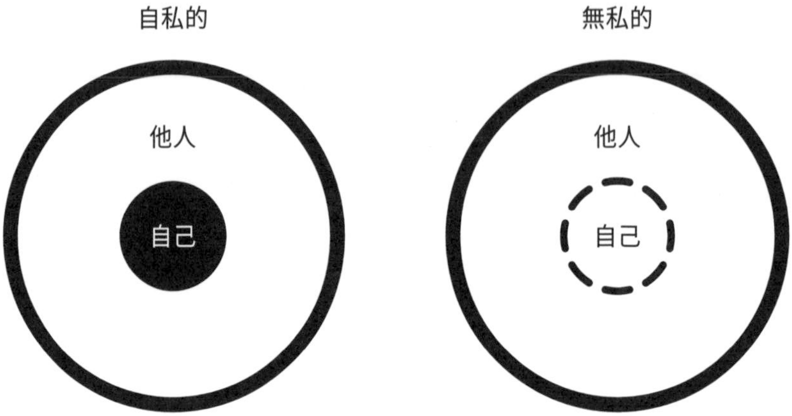

無私的人在自己和他人之間沒有界線

然而，不管他們願意不願意，為了他人而行動的無私者都會被周遭的人尊敬，被那些想和他們親近的人包圍，過著與人們溫暖交流的生活。

無私不只是為了他人

那麼，現在的你在自私和無私之間，處於什麼位置？

如果你只考慮自己的話，最終會失去「與人之間的溫暖聯繫」。因此，當你遇到困難或需要幫助的時候，誰都不會對你伸出援手。

人，無法獨自生活。因此，我建議大家「在策略上試著變得無私」。

變成無私主義是一種更有效的生活策略，可以增加獲得幸福的機會。也就是促使自己行動起來，讓自己變成無私主義。

雖然可能也會有人說「無私主義才不是那樣的呢」，但要成為一個無私主義者，利用計較得失來創造契機是有效的。通過有意識地嘗試變成無私者，總有一天得失的計算會逐漸消失，無私主義的想法和行動將會在你身上根深蒂固。

即使知道無私主義是一種「獲利」，但是要突然變得無私似乎也不是件簡單的事情。首先，我建議大家在達到希望的無私程度前，在充分認知自己尚未達到目標的基礎上，從現在開始做自己能力範圍內可以做的事情。

例如，如果你在公園散步的時候，看到地上有一些垃圾的話，哪怕只有一個，也請試著撿起來、在工作中試著帶著微笑主動與某人交談……等等，從小地方開始做起就好。撿垃圾不僅能讓公園變得乾淨一點，還能表揚一下撿垃圾的自己，心情也會變得稍微好一點。另外，如果你養成帶著微笑與人交談的習慣，你會給他們留下好印象，反過來他們也會更願意和你交談。

無私不僅僅是為了別人。也就是說，無私的行動不僅對別人有益，最終也對自己有益。

無私還有更多好處?!

人類，比起只為自己（自私）的情況，為了社會、為了別人（無私）的時候，力量也會變得更大。

讓我們來聊聊二〇一九年十一月舉行的世界拳擊超級系列賽WBSS雛量級淘汰賽的決賽吧。以壓倒性的實力拿下勝利的井上尚彌選手，他的對手是最強勁敵多納爾Nonito Donaire選手。

第二回合，井上選手被對手的左勾拳擊中，導致他的右眼上方流血，一場艱難的戰鬥隨之展開。在第九回合，他被對手強力的右直拳擊中臉部，導致他的身體大幅晃動，但雙方仍糾纏到第十二回合，最終判定井上選手獲勝。

他在賽後接受採訪時表示「（在第九回合）我被擊中的那一刻，腦中浮現了兒子的臉，所以得以堅持了下來」。井上選手那「為了兒子，為了家人」而戰的想法，支撐了他搖搖欲墜的雙腳，為他帶來力量。他之所以能夠成為WBSS冠軍，正因為他不僅僅是為自己而戰（自私），也是為他的家人和兒子（無私）而戰。

不僅僅是他，還有其他在世界上取得偉大成就的人，也正因為他們抱著「想拯救那些受苦的人」「想幫助那些感到不便的人」，以這樣無私的動機來處理事情，他們才能發揮出令人出乎意料地的潛能吧。

即使你現在是一個自私的人，你也可以透過「為你身邊的人」行動，來逐漸增加自己的無私自我。感謝身邊的人平時為你做的事情，接著思考你可以為他們「做些什麼？」，並試著採取行動。

父母為我們做的、妻子為我們做的、丈夫為我們做的，夥伴為我們做的、下屬和上司為我們做的，沒有什麼是我們認為理所當然的。沒有他們，我們就不能像現在這樣生活和工作，不是嗎？

積極的感情和消極的感情可能會混雜在一起，但首先要感謝他們，並試著從我們這邊做出無私的舉動吧。

確認自己想要如何離開人世

獲利

一個知道自己想做什麼以及想如何離開人世的生活

損失

一個不知不覺地受周遭環境影響的生活

你的準確度比例尺

0 1 2 3 4 5 6 7 8 9 10

＊ 從不做任何造成損失的事 =0、有時 =5、總是 =10

＊ 請將符合的選項塗滿

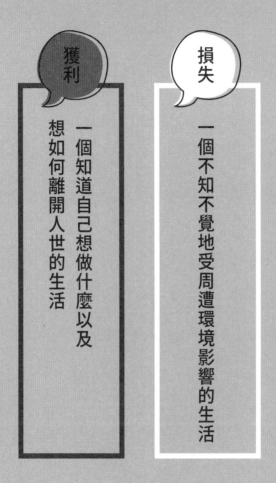

隨心所欲和任性的界線

如果有人對你說：「你很任性呢」，你會有什麼感覺？

如果有人對你說：「你很隨心所欲呢」，你會有什麼感覺？

我想，你可能不太喜歡前者，但後者應該會讓你感覺不錯吧。

那麼，任性和隨心所欲之間的區別是什麼呢？任性的生活和隨心所欲的生活，二者之間有什麼區別呢？

也許有人會覺得「按照自己喜歡的方式生活，是種很任性的行為」，所以隨心所欲和任性是一樣的，但事實真的是如此嗎？

福澤諭吉曾說過：「不受拘束與任性的界線，就在於給別人帶來麻煩與沒有給別人帶來麻煩之間。」（《勸學》）

而英國哲學家約翰・史都華・密爾 John Stuart Mill 也曾說過：「個人的自由也有必須要被限制的時候。那就是，不能給別人帶來麻煩。」（《論自由》）

換句話說，剛剛所提到的「按照自己喜歡的方式生活，是種很任性的行為」這樣的想法，就如同福澤諭吉和約翰・史都華・密爾所說的，只要不給別人帶來麻煩，不管你做什麼都不算是任性的生活。

那麼，「只要不給別人帶來麻煩就可以為所欲為」這樣的想法，是正確的嗎？

有趣的是，日本人比其他國家的人更傾向於否定這個想法。而且，日本人即使不給別人帶來麻煩，也傾向於限制自己的言行。

「這樣做的話，雖然不會給別人帶來麻煩，但是會給周遭的人帶來不好的影響。」

「即使沒有給別人帶來麻煩，這樣做的話會被這樣看待，不太好。」

也有人會有上述這些想法吧。

但是，如果你總是在意別人對你的看法，壓抑自己的各種感受，持續讓自己與周遭的人保持同步的話，你最終會不知道自己到底是為了什麼而活。

麻煩的是，「既然我這樣忍耐著，所以你也應該要這樣」，像這樣，你會試圖把自己的想法強加給別人，並想要對別人的言行施加沉默的限制。

而且，當看到那些對自己的言行沒有什麼限制、不受拘束的人，就會覺得自己明明在忍耐著，那些人到底憑什麼，在羨慕對方不受拘束的同時，也會覺得嫉妒、恨。這樣的想法造就了在日本常見的場景：樹大招風、對引人注目的人動不動就提出批評。

受到這樣全面的影響，難道不是一種真正的「損失」嗎？

即使在這樣的環境下，如果自己珍惜著「想做什麼呢？」的想法來生活，不是因為周遭的人怎麼樣、常識如何如何等，而是按照自己的標準來生活的話，就能過上神清氣爽的人生。

為了能不壓抑自己的感情、不受拘束地生活，重要的是你自己內心有一個堅定不移的軸心：「你真正想要的是什麼？你想做什麼？」

如果深入研究這個問題，最後會得到生死觀的結論：「最終想要怎麼離開人世呢？」

生死觀是一種對生與死的思考方式，是從如何「迎接人生終點的方式」，來思考「現在的生活方式」。

據說很多人在臨終前，並不對自己做過的那些失敗的事感到後悔，而是為自己沒有做的事深深地感到後悔，覺得「我當初要是有提起勇氣去做就好了」。為了不讓自己的人生充滿遺憾，即使有過很多失敗的事情，為了能讓自己在臨終的時候覺得「我的人生沒有遺憾了」，讓我們養成經常問自己「我真正想要的是什麼？我想做什麼？」的習慣吧。

日本人缺乏「自我」

讓我們用其他的看法來看「給別人添麻煩」這件事吧。

我還記得我去英國看足球超級聯賽的時候，對賽後球場的髒亂感到十分驚訝。就如同字面上的意思，它真的就是一座垃圾山。這是在日本職業足球聯賽的賽場上很難看到的景象。

另外，每年夏天在苗場滑雪場舉行的富士搖滾音樂祭 FUJI ROCK FESTIVAL 上，體驗過海外音樂節的人們都說，觀眾的有禮貌和會場的整潔根本就是奇蹟。

像這樣，日本人的有禮貌在世界上也是很出名的。高度的紀律性和協作精神，也是值得向世界炫耀的。

在日本人被稱讚有禮貌的另一方面，也有一個令人在意的傾向。那就是，有人在看的時候禮貌是世界第一的，但是沒人在看的時候，禮貌就要打上一個「？」了。

例如，富士山申請登陸世界遺產時，有很多次都被認為不合格，最後歷時二十年才獲得批准。而且還不是以自然遺產登陸，而是以文化遺產登陸。原因是，登山者留下了太多的垃圾。

這只是其中一個例子。雖然在別人在看的時候或別人看得到的地方，會好好遵守禮貌，但在其他的地方，卻有「因為沒有人在看，所以沒關係」的傾向。

這種傾向，是日本人缺乏「自我」的表現。之所以不這樣做，是因為「會被別人批評」「會被認為是不禮貌的人」「和周遭的關係可能會變差」等等。

這和「大家都在加班的時候，只有自己回去不太好，雖然沒有什麼特別要做的事情，但還是加班吧」一樣，屈服於周圍的同調壓力，採取違背自己意願的行動時是一樣的心理。

「在別人看不到的地方，毫無顧忌地丟垃圾」這樣的行為，即使是違背倫理、規則的事情，也可以被說成「如果大家都在做的話，我也可以這樣做」，即使是不合理的事情，也可以被說成「如果大家都說 Yes，自己也必須要說 Yes」。

當戰爭開始的時候或組織做出奇怪的經營判斷的時候，就會屈服於這種同調壓力，營造出根據對方的情況而產生的異樣「氛圍」。

這種在意別人看法的生活方式，最終會給自己帶來很大的損失。

絕對騙不了的人

為了不去在意別人的看法，請試著意識到下列事項：

試著停止欺騙自己。

試著丟棄「不被發現就好了」的想法。

最了解自己正在做的事情的人就是你自己。所以即使你想騙人，也唯獨騙不了自己。俄羅斯的小說家列夫・托爾斯泰 Leo Tolstoy 曾說過「欺騙自己，比欺騙別人更糟糕」。

即使你想將其正當化說「反正沒有人在看，所以隨便丟垃圾也沒關係」「大家都在做，所以我也可以這樣做」，也無法將其正當化，這件事你自己再清楚不過了。

如果養成欺騙自己的習慣，就會養成欺騙別人的傾向。所以首先要試著停止欺騙自己。

並不是要你突然「像個聖人君子一樣」，而是從你可以做到的地方，慢慢地開始嘗試就好。

如果你一直在亂丟菸蒂，就走去扔香菸的地方，問問自己：「你應該知道你正打算用這個菸蒂污染街道吧」，或者在沒人看到的地方想要在工作上偷懶的時候，試著重新想一想「你自己在看著喔」。即使不完美，只要讓自己發揮這些檢查功能，就可以不屈服於同調壓力，用伴隨著你自己意志的行動來填滿每一天吧。

請意識到你的「自我」並不在意別人對你的看法，秉持「自我」，不管周遭的人怎麼說，都不要逃避，請貫徹你的「真心」活下去。

培養自己。你將能擁有一個無悔的人生。

結語

那麼，在這裡我想再問一下。

你有多常使用計較得失來判斷事物呢？

在本書中，我闡述了活用每個人都有的「想要避免損失」的心情，將自己的思考和行動轉換為能讓自己獲利的東西的重要性。

透過逐一掌握我所介紹的十八件事，你的生活應該會出現巨大的變化。不久之後，你就會發現，自己不再是透過計較得失來判斷事物，而是透過「作為一個人，什麼是真誠的行為？」「作為自己，你想要做什麼，想怎麼做？」來判斷事物。

沒錯，這也是一本「為了成為一個不以計較得失來判斷事物的人的書」。

請從這十八件事中，選擇你認為現在對你來說最重要的三件事。

無關章節，試著從你最吃虧的事情開始按序選擇吧。

讓卡關不知不覺中都消失的18件事

第11節……清空你的日程表

第12節……不要做一個「什麼都做的人」

第13節……立刻回應

第14節……相當隨興地開始

第15節……不與他人競爭

第16節……了解焦慮和擔憂的真面目

第17節……在策略上試著變得無私

第18節……確認自己想要如何離開人世

首先，在你的前三名中，從掌握第一名開始吧，掌握了第一名之後，接著開始第二名，執行到第三名之後，接著列舉第四、第五名，以此類推。

透過確認你的前三名，你可能會覺得：「我一直在做讓自己吃虧的事」，但請樂觀地這麼想：「我能夠現在就意識到自己吃虧了，真是幸運」，並認可自己的潛力，「說不定可以把它轉化成能獲利的東西喔」。

改變自己，並非是一朝一夕就可以完成的事情。但是，只要持續地去做，一定可以得到確實的成果。不要擔心。因為讀到這裡的你，已經站在那個入口了。

你就是力量。是力量的結晶。

你的前 **3** 名

第 1 名

第 2 名

第 3 名

參考文獻

・《改變對方的習慣力》三浦將 CrossMedia Publishing 2016年
・《自我意識與創造性思維》Robert Fritz／Dr. Wayne Scott Andersen Evolving 2018年
・《自卑與超越》岸見一郎 NHK出版 2016年
・《生存之道》稻盛和夫 Sunmark出版社 2004年
・《比賽，從心開始》W. Timothy Gallwey Nikkan Sports出版社 2000年
・《倫理學》國分功一郎 NHK出版 2018年
・《勸學》福澤諭吉 岩波書店 1871年
・《監視與懲罰：監獄的誕生》米歇爾・傅柯 新潮社 1977年
・《被討厭的勇氣》岸見一郎 古賀史健 DIAMOND, INC. 2013年
・《作為經營戰略的跨文化適應力》宮森千嘉子 宮林隆吉 JMA Management

Center Inc.　2019年
・《黃金好習慣，一個就夠》三浦將　CrossMedia Publishing　２０１５年
・《論自由》約翰・史都華・密爾　岩波書店　1859年
・《Think CIVILITY「禮貌」是最強的生存戰略》Christine Porath　東洋經濟新報社
2019年
・《斯賓諾沙》吉爾・德勒茲　平凡社　2002年
・《性格是可以改變的》野田俊作　創元社　2016年
・附刊日經 SCIENCE《成功與失敗的腦科學》NIKKEI SCIENCE Inc.　2012年
・《自我察覺》Harvard Business Review 編輯部　DIAMOND, INC.　2019年
・100分的名著作　西田幾多郎《善的研究》若松英輔　NHK出版　2019年
・《多文化世界—學習差異探索未來之路　原書第3版》吉爾特・霍夫斯塔德／
Gert Jan Hofstede／Michael Minkov　有斐閣　1995年
・《斜目而視—透過大眾文化看拉岡理論》斯拉沃熱・齊澤克　青土社　1995年
・《自卑感與人際關係》野田俊作　創元社　2017年

· Giada Di Stefano, Giada, Francesca Gino, Gary P. Pisano, and Bradley Staats. "Making Experience Count: The Role of Refl ection in Individual Learning." Harvard Business School Working Paper, No. 14-093, March 2014.

高寶書版集團
gobooks.com.tw

新視野 NewWindow278
把損失化為獲得：讓自己不再吃虧的 18 個改變，活出隨心所欲的人生
損か得か いつもうまくいかない人生を変える 18 の思考法

作　　者　三浦將
譯　　者　陳筱茜
責任編輯　吳珮旻
封面設計　林政嘉
內頁排版　賴姵均
企　　劃　鍾惠鈞

發 行 人　朱凱蕾
出　　版　英屬維京群島商高寶國際有限公司台灣分公司
　　　　　GlobalGroupHoldings,Ltd.
地　　址　台北市內湖區洲子街 88 號 3 樓
網　　址　gobooks.com.tw
電　　話　(02)27992788
電　　郵　readers@gobooks.com.tw（讀者服務部）
傳　　真　出版部 (02)27990909　行銷部 (02)27993088
郵政劃撥　19394552
戶　　名　英屬維京群島商高寶國際有限公司台灣分公司
發　　行　英屬維京群島商高寶國際有限公司台灣分公司
初版日期　2023 年 11 月

國家圖書館出版品預行編目（CIP）資料

把損失化為獲得：讓自己不再吃虧的 18 個改變，活出隨心所欲的人生 / 三浦將著 . -- 初版 . -- 臺北市：英屬維京群島商高寶國際有限公司臺灣分公司 , 2023.11
面；　公分 .--(新視野 278)

ISBN 978-986-506-895-2(平裝)

1.CST: 情緒管理　2.CST: 人際關係　3.CST: 成功法

177.2　　112018227

GOBOOKS
& SITAK
GROUP©